Gerd Wolfgang Sievers

Fleisch einkochen

Gerd Wolfgang Sievers

Fleisch einkochen

leicht gemacht!

Leopold Stocker Verlag
Graz – Stuttgart

Umschlaggestaltung:
Werbeagentur Rypka GmbH, 8143 Dobl, www.rypka.at
Titelbild: Christian Strobl Photography

Mona Lorenz: S. 8, 63, 67, 88, 152; AMA: S. 9, 107, 151, 155, 157; Christian Strobl: S. 12, 34; K. M. Westermann: S. 14, 41 o, 52, 68, 84; Andrea Jungwirth: S. 15, 16 li, 17 o, 20, 21 re, 23, 30, 36, 37, 41 u, 42, 46, 47, 48, 50 o, 71, 74, 82 li, 87, 89, 92, 95, 108, 114, 117, 121, 128, 131, 141, 156, 164; Fa. Rational: S. 16 re, 31; Herbert Lehmann: S. 39, 44, 56, 62, 65, 90, 94, 104, 123, 127, 140, 143, 161; Peter Barci: S. 79, 100; Archiv Stocker Verlag: S. 125, 163.
Alle restlichen Abbildungen wurden dem Verlag freundlicherweise vom Autor zur Verfügung gestellt.

Bibliografische Information der Deutschen Nationalbibliothek
Die Deutsche Nationalbibliothek verzeichnet diese Publikation in der Deutschen Nationalbibliografie; detaillierte bibliografische Daten sind im Internet unter http://dnb.d-nb.de abrufbar.

Hinweis: Dieses Buch wurde auf chlorfrei gebleichtem Papier gedruckt. Die zum Schutz vor Verschmutzung verwendete Einschweißfolie ist aus Polyethylen chlor- und schwefelfrei hergestellt. Diese umweltfreundliche Folie verhält sich grundwasserneutral, ist voll recyclingfähig und verbrennt in Müllverbrennungsanlagen völlig ungiftig.

Auf Wunsch senden wir Ihnen gerne kostenlos unser Verlagsverzeichnis zu:
Leopold Stocker Verlag GmbH
Hofgasse 5/Postfach 438
A-8011 Graz
Tel.: +43 (0)316/82 16 36
Fax: +43 (0)316/83 56 12
E-Mail: stocker-verlag@stocker-verlag.com
www.stocker-verlag.com

ISBN 978-3-7020-1781-1

Layout und Repro: Werbeagentur Rypka GmbH, 8143 Dobl

INHALT

Mangalitza Rillettes
Leberwurst

FLEISCHSTÜCKE VOM SCHWEIN

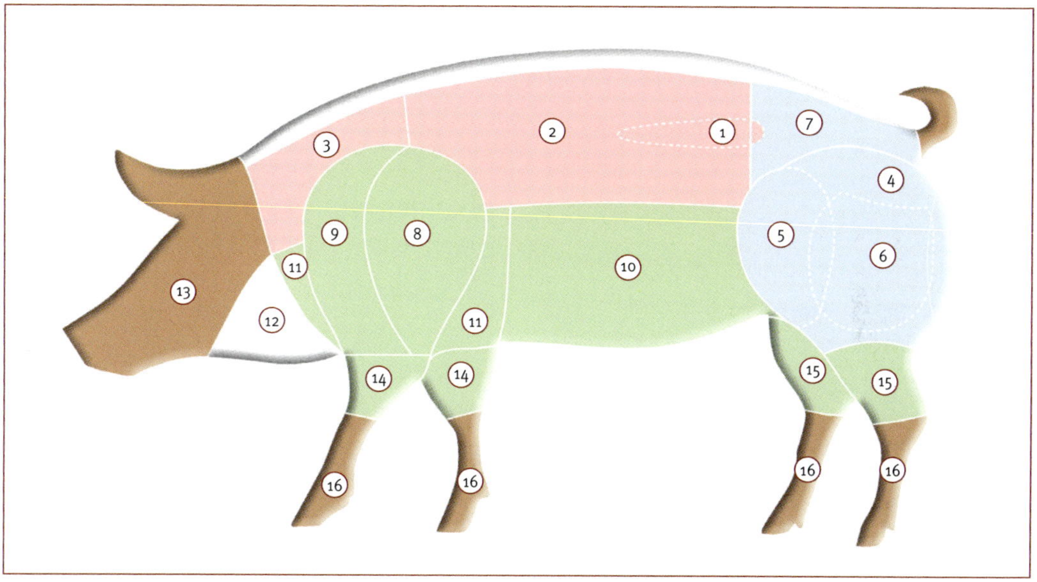

1) Filet (Lungenbraten)
2) Rücken/Kotelett/Kassler (Karree)
3) Nacken/Kamm/Hals (Schopf, Hals)
4) Hüfte/Keule (Schlögel)
5) Blume/Kugel (Nuss)
6) Schale (Kaiserteil)
7) Schlussbraten
8) Dicke Schulter
9) Dünne Schulter
10) Bauch
11) Dicke Rippe (Brust)
12) Backe (Backerl, Goder)
13) Schweinekopf (Saurüssel)
14) Vordereisbein (vordere Stelze)
15) Eisbeinschinken (hintere Stelze)
16) Schweinefüße (Schweinshaxen)

GLOSSAR

Gleich an den Anfang stellen wir einige grundlegende Erklärungen von fachspezifischen Begriffen. Bei den Rezepten wurden sowohl typisch „österreichische" Bezeichnungen (für Fleischteile, küchentechnische Begriffe usw.) verwendet als auch solche, die in Deutschland üblich sind. Deshalb finden Sie nachfolgend auch die „Übersetzung" dieser Begriffe.

BOMBAGE
wenn sich im Inneren des gefüllten Glases Gärgase bilden

BOUQUET GARNI
Kräutersträußchen

(WURST-)BRÄT
Wurstmasse, Farce

BRISKET
spezielles Fleischteil aus der Rinderbrust bzw. der unteren Rinderbrust (dem erweiterten Teil des Brustbeins, auf dem Rinder liegen)

BRÖTCHEN
Semmeln

CONFIT
wörtlich: Konfitüre; in Frankreich versteht man darunter aber auch langsam im eigenen Fett Eingekochtes

EINKOCHEN
einwecken, einmachen, einrexen

ENCHAUD
langsam gebratenes und anschließend im eigenen Bratfett konserviertes Fleisch – Spezialität aus Südfrankreich

FASCHIERTES
(Hackfleisch) eigentlich mit dem Messer klein gehacktes Fleisch, heute auch durch den Fleischwolf gedrehtes Fleisch

FLOMEN
Nierenfett vom Schwein

GERÄUCHERTES
Geselchtes

GRAMMELN
auch Grieben genannt, kleine Bindegewebsreste des Fettes

GRIEBEN
größere Grammeln

HALS
Goder

HAXE, EISBEIN
Stelze

KAMM
ein Teil des Schopfs

KASSLER
gepökeltes Schweinefleisch, meist leicht geräuchert

KEULE
Schlögel

KONFIEREN
durch langsames Einkochen haltbar machen

LENDE
Filet

METT
rohes, gecuttertes Schweinefleisch

NACKEN
Schopf

PASTEURISIEREN
haltbarmachen durch Einkochen bei Mindesttemperatur (Kerntemperatur muss mind. 72 °C betragen)

PÂTÉ
Pastete, auch im Glas eingekochte Wurstwaren mit Leberanteil

QIMIQ
Ist ein natürliches Haltbar-Milchprodukt auf Sahnebasis, das die Verwendung von Gelatine erübrigt. Diese Sahnebasis kann man zum Kochen, Backen und Verfeinern verwenden, sie bindet Flüssigkeit und Öl und hat nur 15 % Fett.

QUATRE EPICES (4-GEWÜRZE-PULVER, VIERGEWÜRZ)
Gewürzmischung aus Muskatnuss, Ingwer, Pfeffer und Gewürznelke

RÜCKEN
Karree

SCHAUMKELLE
Siebschöpfer

SCHÖPFKELLE
Schöpflöffel

SCHWEINEKINN
Schweinegoder

SELCHEN
räuchern

STELZE
Haxe, Eisbein

STERILISIEREN
haltbarmachen durch Kochen (mind. 100 °C)

SULZ
Sülze

TAFELSPITZ
Teilstück aus der Rinderhüfte (Rinderhüftspitz), hervorragendes Siedefleisch mit leichter Fettabdeckung

VERHACKERTES
fein gehackter, luftgetrockneter Speck, luftdicht eingestampft

VOUVRAY
Weißwein aus dem Loire-Gebiet

5-GEWÜRZE-PULVER
Gewürzmischung aus Sternanis, Gewürznelken, Fenchel, Szechuan-Pfeffer, Zimt

SIEVERS GOURMET
PÂTÉ DE PORC AVEC DES ANCHOIS ET DES CÂPRES
Feine Leberpastete mit Sardellen und Kapern
SIEVERS GOURMET
ENCHAUD À LA LOUISIANE
SIEVERS GOURMET
RILLETTES DE PORC
Zerkleinertes Schweinefleisch in Schmalz und
RILLETTES DE PORC
SIEVERS GOURMET
PÂTÉ RUSTIQUE
Rustikale Leberpastete mit Rahm und Armagnac
PÂTÉ RUSTIQUE

EINLEITUNG ZUM THEMA FLEISCH EINKOCHEN

(TECHNIKEN, GLÄSER/GEFÄSSE, LAGERUNG, HALTBARKEIT UND NOCH EINIGES MEHR)

ALLGEMEINES UND GRUNDLEGENDES

Rillettes, Confits, Pâtés (Pasteten, Streichwurst), Sulzen, Wurstwaren im Glas oder Aufstriche selbst herzustellen ist zwar ein Handwerk, das erlernt werden will, aber genau genommen schließlich dann doch nicht so schwer. Wenn Sie den praxisnahen Anweisungen der Rezepte in diesem Buch folgen, kann eigentlich gar nichts mehr schiefgehen.

Sie werden alsbald feststellen, um wie vieles besser selbst eingekochtes Fleisch schmeckt – und das hat viele Gründe. So weiß man beispielsweise, welche Zutaten verarbeitet worden sind, man kann die Würze dem eigenen Geschmack anpassen und man kann Produkte erzeugen, die sonst nur schwer oder gar nicht zu erwerben sind. Letztlich geht es auch um ein wesentliches Stück Gesundheit, denn die allermeisten Rezepte in diesem Buch können auf jeden chemischen Zusatz verzichten – so wird z. B. Nitritpökelsalz nur ganz selten (und wenn, dann extrem sparsam) verwendet. Andere Zutaten wie Stabilisatoren, Emulgatoren u. a. werden gar nicht verwendet oder – wenn erforderlich – ausschließlich solche aus natürlichen Materialien. Natürlich ist etwas Zeitaufwand notwendig und ein gewisser Wareneinsatz erforderlich, dafür erhält man aber einzigartige Delikatessen, die den Gaumen erfreuen.

WICHTIG! Geheimnis erfolgreicher Produkte

Aber – und das kann ich in diesem Buch nicht oft genug betonen – nur qualitativ hochwertige Ausgangsprodukte (insbesondere das Fleisch betreffend) sind Garant dafür, dass die Qualität von selbst eingekochtem Fleisch so ist, wie man sie sich vorstellt und erwartet. Und damit das Unterfangen auch wirklich gelingt, bitte ich Sie eindringlich, die folgenden einleitenden Punkte zu lesen und zu beherzigen. Denn dann klappt's nicht nur mit dem eingekochten Produkt, sondern auch mit Nachbarn, Freunden und Bekannten, die bald sehnsuchtsvoll nach Ihren hausgemachten Delikatessen lechzend auf der Matte stehen werden.

Vorbemerkung

Zweifelsohne ist es wesentlich schwieriger, Fleisch einzukochen als Obst und Gemüse.

Das liegt zum einen an der Auswahl der Zutaten (bei Obst und Gemüse ist fehlerhafte Qualität leichter und offensichtlicher zu erkennen), zum anderen auch an den komplexeren Abläufen bei der Herstellung. Auch das Würzen ist ein wichtiger Faktor. Ich habe in diesem Buch Würzangaben gemacht, die zu einem „durchschnittlich intensiven" Ergebnis führen. Was das Fleisch betrifft, so gibt es zahlreiche Faktoren, die zu beachten sind. Diese werden im nächsten Punkt grob umrissen.

Die wichtigsten „Fleischregeln"

Oberster Grundsatz ist hier **immer**: Das **Fleisch** muss **von gesunden, gut und natürlich genährten Tieren** stammen. Es muss frisch, aber auch genügend abgehangen sein. Daher sollte man (wenn man nicht selbst schlachtet) das Fleisch **unbedingt beim Fleischer** seines Vertrauens erwerben und sich fachgerecht beraten lassen.

Wichtige Punkte für den richtigen Umgang mit Fleisch:

- Das **Fleisch** – sofern es nicht mariniert oder gepökelt wird – **sofort verarbeiten,** da eine Lagerung im Kühlschrank dazu führen kann, dass andere Lebensmittel (wie z. B. Käse) Gerüche übertragen können.
- **Keine Tiefkühlware** verwenden, da gefrorenes Fleisch bereits viel an Aroma eingebüßt hat.
- **Keine Angst vor fettem Fleisch:** Das richtige Quantum an Fett macht das Produkt zart und rundet es geschmacklich ab.
- **Tierrasse, Alter und Geschlecht sind wichtige Faktoren,** die die Fleischqualität beeinflussen. Am häufigsten wird

Mangalitza-Schweine sind eine alte, fettreiche Schweinerasse, die sich wieder zunehmender Beliebtheit erfreut.

Bei den Ausgangsprodukten auf gute Qualität achten!

Schweinefleisch verwendet, das aufgrund seiner positiven Eigenschaften und seines (konservierenden) Fettes/Schmalzes optimal zum Einkochen geeignet ist. Rindfleisch (Jungbullen, Kalbinnen und Ochsen) eignet sich ebenfalls sehr gut. Weiters können aus dem Fleisch vieler anderer Tiere (z. B. Lamm, Wild, Geflügel u. a.) sowie aus den meisten Innereien hervorragende eingekochte Produkte hergestellt werden. Der Fantasie und dem persönlichen Geschmack sind eigentlich kaum Grenzen gesetzt, nur wird man bei manchen Fleischsorten Fett/Schmalz und/oder Bindemittel (Gelatine o. Ä.) zugeben müssen – Hinweise und Anleitungen hierzu finden Sie in den jeweiligen Rezepten, wo dies nötig ist.

- **Der richtige Umgang mit dem Produkt Fleisch:** Das Fleisch sollte nach dem Einkauf möglichst gekühlt und rasch nach Hause transportiert werden – bei kleineren Mengen reicht eine Isoliertasche, bei größeren empfiehlt sich eine Kühlbox, sehr große Mengen sollte man sich mit dem Kühlwagen nach Hause liefern lassen. Danach sollte das Fleisch nicht länger als ein bis zwei Tage im Kühlschrank lagern – am besten ist es aber, das Fleisch gleich zu verarbeiten.

Hygiene

Gerade beim Umgang mit rohem Fleisch ist es unabdingbar, dass auf penible Hygiene und Reinheit in der Küche geachtet wird. Desinfizierte Messer, gut gereinigte Schneidebretter und Werkzeuge sowie die Körperpflege, insbesondere das Händewaschen (noch besser ist es, gleich spezielle Kochhandschuhe zu tragen), sind Faktoren, die viel zu oft auf die leichte Schulter genommen werden.

DAS RICHTIGE WERKZEUG

Jedes Handwerk braucht sein Werkzeug – so auch das Einkochen von Fleisch. Eine Grundausstattung ist sinnvoll, erleichtert die Arbeit und verbessert das Ergebnis. Folgende Gerätschaften sollten daher zur Verfügung stehen:

- Ein **Arbeitstisch** oder eine **Arbeitsplatte** von ausreichender Größe, so dass man bequem arbeiten kann.
- Ein **Herd** mit mindestens zwei Platten mit einem Durchmesser von ca. 20 cm; ein Backofen, ein **Dampfgarer** oder gar ein **Konvektomat** sind sinnvolle Ergänzungen. Wer professionell arbeiten will, sollte sich die Anschaffung eines Autoklavs (Erklärung siehe S. 27, Konservierungstechniken) überlegen.
- Ein größerer **Kessel** oder **Kochtopf**; sehr praktisch ist ein **spezieller Einkochtopf**

Einkochtopf, Gläser und Glasheber

Konvektomat „Rational SCC 102“

mit eingebauter Hitzequelle und stufenlos einstellbarem Thermostat.

- Ein **Fleischwolf**, das wohl wichtigste Utensil zum Fleischeinkochen überhaupt. Der Fleischwolf sollte mit verschiedenen Lochscheiben von 2 mm bis 14 mm Durchmesser ausgestattet sein, die Messer sollten möglichst scharf und hochqualitativ sein. Nur wenn die Kreuzmesser und Lochscheiben ordentlich geschliffen sind, wird das Fleisch geschnitten und nicht zerquetscht – das Fleisch soll schließlich homogen zerkleinert und kein schmieriger Fleischbrei sein. Für die häusliche Kleinproduktion genügt ein von Hand betriebener Fleischwolf aus Gusseisen, für größere Produktionen sollte man sich einen elektrischen Fleischwolf anschaffen, doch dieser sollte mindestens 1000 Watt Leistung bei 230 Volt bringen.
- Ein **Wolfstopfer** dient der Sicherheit und ist kein unsinniges Zubehör! Die Größe eines Wolfstopfers muss zum jeweiligen Fleischwolf passen.
- Ein **Cutter** ist ein Gerät zum Zerkleinern von Fleisch oder anderen Zutaten, die mit Hilfe dieses Geräts besonders fein werden. Der Hauptbestandteil eines Cutters ist eine halb zugedeckte Schüssel, in der eine Messerwelle läuft, auf der rasierklingenscharfe Messerklingen sitzen. Die Schüssel dreht sich und die Messer (welche übrigens den Schüsselboden nicht berühren) hacken alles kurz und klein. Nur starke Hochleistungscutter mit sehr scharfen Messern bringen bei Fleisch ein wirklich gutes Ergebnis. Die Anschaffung ist aber entsprechend teuer und lohnt sich nicht, wenn man das Gerät nur selten braucht. Bis auf wenige Ausnahmen, in denen es dann auch angegeben ist, reicht für alle im Buch angeführten Rezepte ein leistungsstarker Fleischwolf.
- **Verschiedene Messer**, wie ein größeres Fleischmesser (Blockmesser), ein kleines Gemüsemesser, ein Kräutermesser oder Universal-Küchenmesser sowie ein kleines Ausbeinmesser sind empfehlenswert

Ein Fleischwolf aus Gusseisen reicht für den Hausgebrauch. Auch hier immer einen Wolfstopfer verwenden!

Richtiges Werkzeug erleichtert die Arbeit ungemein.

– und dazu ein guter Messerschärfer, denn nur scharfe Küchenmesser taugen etwas!

- Ein **Schneidbrett**, das eine Größe von mindestens 60 x 40 x 3 cm haben sollte, das Material (Holz oder Plastik) ist nicht entscheidend.
- Ein **Kesselthermometer** zum Prüfen der Gartemperatur im Kochtopf ist unbedingt nötig.
- Ein **Glasheber** (eine zangenähnliche Gerätschaft, mit der man Einkochgläser bequem aus dem Einkochtopf heben kann).
- Ein **Metalltrichter** ist zum Abfüllen von Fleisch- und Wurstmassen in Gläser wichtig, weil die Öffnung größer ist als bei handelsüblichen Plastiktrichtern und die Metalltrichter leichter zu reinigen sind.
- **Schüsseln** verschiedener Größe und aus verschiedenen Materialien, empfehlenswert sind jeweils zwei Schüsseln aus Metall, zwei aus Plastik und je eine aus Glas und Keramik.
- **Weitere nützliche Helfer:** Sparschäler, Rührbesen aus Draht, Bratpfanne, Pfannenwender, Küchenwaage, Gewürzmühle oder Mörser, Messbecher, Teigschaber, Fleischgabel, Siebe und Rundschöpflöffel in verschiedenen Größen.

GEFÄSSKUNDE

Welches Gefäß gewählt wird, hängt davon ab, wie lange ein Produkt gelagert werden soll, wie es präsentiert werden soll und wie es beschaffen ist, damit man es leicht einfüllen, aber auch leicht wieder entnehmen kann.

Produkte, die **in Schmalz eingegossen** werden (Confits, Rillettes etc.), halten im Steinguttopf (bei richtiger Produktion und Lagerung; dazu später mehr) **4 Wochen bis 1 Jahr. In Gläsern eingekocht** halten sie mindestens **1–2 Jahre**, in Dosen konserviert sind sie unter gewissen Umständen fast unbegrenzt haltbar – mindestens jedoch 1 Jahr. Das nur als Beispiel, um zu zeigen, wie sehr sich das Gefäß auf die Haltbarkeit auswirkt.

Was das Befüllen und Entnehmen betrifft, so sollte man darauf achten, dass das Produkt gut ins Gefäß passt und nicht hineingequetscht wird (man kann z. B. große Fleischstücke vor der Zubereitung von der Größe her dem Gefäß anpassen). Für Wurstwaren im Glas (wie Leber-, Mett- und Blutwurst) empfiehlt sich das Verwenden von so genannten „Sturzgläsern", die aufgrund ihrer speziellen Form (sie werden vom Boden nach oben zum Rand hin breiter) das Entnehmen des Produkts erleichtern. Im Fachhandel wird eine große Zahl an unterschiedlichsten Gläsern in allen möglichen Größen angeboten, dazu Dosen, Steingutgefäße u. v. m. Hier daher nur die wichtigsten handelsüblichen Gefäße, die auch für die im Buch vorkommenden Rezepte verwendet werden.

Dosen

Bei den Dosen unterscheidet man die Dauerdosen mit dem so genannten Patentverschluss und die Konservendosen, wie man sie aus dem Handel kennt, für die man aber eine spezielle Maschine zum Verschließen braucht, deren Anschaffung sich jedoch selbst für den semiprofessionellen Bereich kaum lohnt.

Sehr praktisch hingegen sind die **Dosen mit dem Patentverschluss**, die aus der eigentlichen Dose, dem Deckel, dem Gummiring zum Abdichten und dem Verschlussring – umgangssprachlich auch Schnalle genannt – bestehen. Die Dosen haben in der Regel ein Fassungsvermögen von 500 ml und sind insbesondere für große Fleischstücke geeignet, die z. B. in Aspik eingekocht werden. Der große Vorteil ist, dass die Haltbarkeit jener einer Dauerkonserve (siehe S. 25) entspricht.

Zu beachten ist allerdings, dass diese Dosen absolut trocken gelagert werden müssen, damit sie nicht korrodieren, und man sollte bei der Entnahme auch nicht mit einem Messer im (beschichteten) Doseninneren herumkratzen, wenn man die Dose wieder verwenden will.

Weiters ist zu beachten, dass bei jeder Verwendung ein neuer Gummiring eingelegt werden muss.

Ist eine Lagerung im (feuchten) Keller unvermeidlich, so kann man die Dosen von Zeit zu Zeit mit Salatöl einreiben, das verhindert ein eventuelles Rosten.

> Grundsätzlich bin ich der Meinung, dass Gläser viel hygienischer sind als Dosen, weil sie nicht rosten, leichter zu reinigen sind und auch weniger Müll anfällt, weil sie fast unbegrenzt oft wiederverwendet werden können. Auch gibt es Gläser in vielen unterschiedlichen Größen und somit für (fast) jeden Zweck das richtige Glas. Und schließlich sind Gläser leichter zu öffnen und die Entnahme der Ware ist absolut unproblematisch, sofern es sich um Sturzgläser handelt. Somit sind Dosen eigentlich nur bei der Herstellung von Dauerkonserven zu empfehlen.

WECK-Gläser

Das universellste Einkochgeschirr überhaupt. WECK- oder Rex-Gläser gibt es eigentlich für jede nur erdenkliche Art des Einkochens in den unterschiedlichsten Formen und Größen. Zu beachten ist, dass der **Glas- und der Deckelrand absolut sauber** sind und dass die **Gläser maximal zu zwei Dritteln befüllt** werden, weil sich die eingefüllte Masse beim Garen ausdehnt. Bei Fleischstücken ist ein Mindestabstand von 3–4 cm zwischen Gargut und Deckelrand einzuhalten. Es ist zwar eine gewisse Fummelei, zunächst die Klammern auf den WECK-Gläsern anzubringen und diese nach dem Kochen wieder zu entfernen, aber es macht Sinn und garantiert, dass das Produkt im Glas frisch bleibt.

Die Technik dahinter ist gleichermaßen einfach wie genial: Während des Einkochens entsteht im Inneren des Glases ein Über-

Weil Sturzgläser von unten nach oben breiter werden, kann man den Inhalt problemlos entnehmen.

druck, der Luft und Dampf aus dem Inneren nach außen drückt. Die Klammern sorgen dafür, dass nur etwas von drinnen nach draußen gelangt, nicht aber das Kochwasser ins Innere des Glases gelangen kann. Nach dem Erkalten entsteht im Inneren des Glases ein Unterdruck (Vakuum), so dass die Außenluft den Deckel und den Gummiring auf das Glas drückt und damit fest verschließt – die Klammern können danach abgenommen werden.

Falls jedoch das Glas einen Fehler hat, der Gummiring mit der Zeit undicht wird oder Keime im Produkt entstehen (weil z. B. die Ware nicht lange genug oder bei zu niedriger Temperatur eingekocht wurde), bilden sich Gärgase, die den Deckel aufdrücken, sobald im Inneren des Glases der gleiche Druck wie außerhalb des Glases herrscht;

Zum Verschließen von WECK-Gläsern benötigt man Gummiringe, Glasdeckel und Klammern.

man spricht in diesem Fall von einer „Bombage“. Somit weiß man sofort, dass der Inhalt von Gläsern, deren Deckel nicht mehr richtig schließt, verdorben und nicht zum Verzehr geeignet ist. Dieser „lose Deckel“ ist ein eindeutiges Warnsignal, denn bei den Gläsern mit Bügelverschluss ist das nicht auf den ersten Blick zu erkennen, da der Bügelverschluss den Deckel fest auf das Glas drückt.

WICHTIG! Glasgrößen

Grundsätzlich sollte man möglichst kleine Gebinde nehmen, damit man die feinen Produkte auch aufessen kann, ohne dass sie im geöffneten Zustand dann vielleicht verderben. Aber es gibt noch einen anderen Grund. Größere Gläser brauchen eine längere Kochzeit, was sich negativ auf die Konsistenz auswirken kann. Aber in manchen Fällen ist es aus verschiedenen Gründen notwendig, größere Gläser zu verwenden. Bitte also die Angaben bei den einzelnen Rezepten bezüglich der Gläsergröße berücksichtigen!

Wenn keine Angaben vorhanden sind, sind grundsätzlich Gläser mit ca. 200 ml Inhalt gemeint, Sie können jedoch Gläser in jeder beliebigen Größe verwenden, wenn Sie die Einkochzeiten dementsprechend anpassen.

Spannhebel- und Bügelverschlussgläser

Das Einkochglas für Romantiker, denn der Bügelverschluss und das dicke Glas vermitteln einen rustikalen Eindruck. Grundsätzlich ist gegen diese Gläser mit dem typischen mechanischen Bügelverschluss, der Deckel und Gummidichtung auf das Glas drückt, nichts einzuwenden, vor allem **für hochwertige Waren und Pâtés** empfehle

Rex-Gläser und Gläser mit Spannhebelverschluss sind sowohl schön anzusehen als auch praktisch.

Für beinahe jedes Produkt geeignet und unproblematisch: Schraubverschlussgläser.

ich sie sogar, weil sie dem bäuerlichen Stil des Inhalts auch optisch gerecht werden. Für eingekochte Fleischprodukte, die nach dem Erkalten eine schnittfeste Konsistenz haben, sind sie allerdings weniger zu empfehlen, weil sich die Entnahme schwierig gestaltet.

Gläser mit Schraubverschluss (Twist-off-Verschluss)

Sehr praktisch, sehr hygienisch und auch bei großen Produktionen **einfach zu handhaben** sind Gläser mit Schraubverschluss. Man kann bei diesen Gläsern eigentlich nicht viel falsch machen, wenn man sauber arbeitet und einen 2–4 cm breiten Luftraum zwischen Füllmasse und Glasrand belässt. Manche Systeme haben Deckel, die sich nach dem Erkalten nach innen wölben, so dass man eine Bombage (Gärgase im Inneren) leicht daran erkennen kann, dass der Deckel nicht mehr nach innen gewölbt ist. Insbesondere für Direktvermarkter eine gute Lösung, aber auch Männer lieben dieses praktische System, das insbesondere in der Variante „Sturzglas“ ein ideales Gefäß für z. B. Leber-, Blut- oder Mettwurst darstellt.

Steingut

Gefäße aus Steingut werden zum Aufbewahren von **Confits, Rillettes, Schmalz oder Sulzen** verwendet, sofern diese nicht für eine längere Lagerung bestimmt sind. Allerdings ist anzumerken, dass Schmalz, Confits oder Enchaud (vor allem, wenn sie leicht gepökelt wurden) sehr wohl auch bis zu 1 Jahr in diesen Steinguttöpfen haltbar sind, sofern sorgfältig gearbeitet wurde, die Ware 3–4 cm dick in Schweineschmalz eingegossen ist, keinerlei Lufteinschlüsse zwischen Fleischstücken und Fett vorhanden sind und das Produkt zugedeckt bei einer Temperatur von 3 °C gelagert wird.

Schmalztopf aus Emaille

Wie der Name schon sagt, sind diese aus Emaille gefertigten Töpfe speziell für die

Emaille-Schmalztopf

Lagerung von **Schmalz** (oder ähnlichen Produkten wie Verhackertem, Kübelfleisch usw.) gefertigt worden. Sie haben eine typische zylindrische Form und Löcher zur Belüftung.

HINWEIS! Freie Wahl

Ob Schraubverschluss-, WECK- oder Rex-Gläser benutzt werden, ist Ermessenssache, wenn nicht dezidiert angegeben.

WICHTIG! Was nicht eingekocht werden darf

Es gibt Zusatzstoffe und Gewürze, die beim Einkochen unter gar keinen Umständen verwendet werden dürfen, da sie Bombagen (siehe S. 33) fördern oder verursachen. Es handelt sich bei diesen nicht geeigneten Zutaten im Wesentlichen um Mehl, rohe Zwiebeln und Knoblauch sowie Pistazien.

Mehl: Handelsübliche Mehlsorten, insbesondere Weizenmehl, müssen durch Kartoffelmehl ersetzt werden; dieses verursacht keine Bombagen. Im Buch werden Sie bei vereinzelten Rezepten Brot als Zutat finden, dies ist unter bestimmten Begleitumständen und Verarbeitungstechniken möglich – hier bitte unbedingt an die Rezeptanweisungen halten!

Zwiebeln und Knoblauch: Beide können nur gegart oder getrocknet (pulverisiert oder geröstet) verarbeitet werden, niemals frisch! Frische Zwiebeln und Knoblauchzehen müssen also vor der Verarbeitung gebraten, gedünstet oder abgekocht werden. Einzige Ausnahme ist die „Pâté“: Hier kann man aufgrund der entsprechenden Kochzeit und Verarbeitung ausnahmsweise auch rohe Zwiebeln verwenden.

Pistazien: Diese können grundsätzlich nicht verarbeitet/konserviert werden – daher am besten niemals verwenden.

DAS ABFÜLLEN

Beim Abfüllen gibt es eigentlich nur **drei wichtige Punkte**, die unbedingt zu beachten sind:

- Einfüllmenge,
- Hygiene und
- fehlerfreie Gefäße.

Die Gläser dürfen **niemals randvoll** angefüllt werden, weil sich die Masse beim Garen ausdehnt und Platz zum Quellen braucht – je nach Einkochmasse und Glassystem sollte zwischen Gargut und Deckel genügend Platz sein: So sollte der Abstand z. B. bei fettarmen Produkten im Sturzglas mit Schraubverschluss ca. 2–3 cm betragen. Bei fettreichen Produkten im WECK-Glas hingegen sollte die maximale Füllmenge nicht mehr als zwei Drittel der Glashöhe ausmachen. Bei den einzelnen Rezepten finden Sie die jeweilige Anweisung für die optimale Füllmenge.

WICHTIG! Füllhöhe

Im Zweifelsfall immer eher weniger als zu viel in das Glas einfüllen!

Bitte achten Sie darauf, möglichst **hygienisch und sauber** zu arbeiten! Vor allem der Glasrand von befüllten Gläsern darf niemals verunreinigt werden, weil die meisten Systeme dann schlecht schließen, manche gar nicht mehr (z. B. WECK-Gläser). Die Gläser sollten sterilisiert werden. Das bedeutet, sie

Gläser maximal zu zwei Dritteln befüllen, vor allem bei fettreichen Massen!

im Ofen oder im Dampfgarer bei mindestens 100 °C zu sterilisieren oder auszukochen! Geschirrspülmaschinen erreichen nur rund 60 °C und sind daher zum Sterilisieren nicht geeignet. Je nach Rezept spült man die Gläser zusätzlich vor dem Befüllen heiß aus. Um möglichst sauber abfüllen zu können, empfiehlt sich die Verwendung von Metalltrichtern, die es in den verschiedensten Größen zu kaufen gibt. Ist kein Trichter vorhanden, sollte der Glasrand unbedingt vor dem Verschließen auf Sauberkeit überprüft und wenn nötig gereinigt werden.

Verwenden Sie zum Abfüllen ausschließlich **fehlerfreie, unbeschädigte Gläser** oder Konservendosen! Das gilt auch für die Abdichtungsringe, sofern solche verwendet werden: Diese müssen fehlerfrei sein und sollten immer wieder erneuert und vor der Verwendung gewässert werden!

DAS EINKOCHEN

In früheren Zeiten hatte das Konservieren von Fleisch durch Einkochen insbesondere bei der Hausschlachtung eine sehr große Bedeutung, denn durch diese Methode – in der Fachsprache Sterilisieren genannt – kann das Fleisch relativ lange ohne qualitative Einbußen (und nach persönlichem Geschmack zubereitet und gewürzt) sicher aufbewahrt werden.

Diese Methode ist vielschichtig und komplex, wie im nächsten Abschnitt genauer erläutert werden wird, aber auch mit wenig Übung leicht anzuwenden, wenn man die hier beschriebenen Punkte beachtet.

Man kann **grundsätzlich alle möglichen Fleisch- und Geflügelsorten sowie Innereien** einkochen. Ob man das Fleisch zuvor pökelt oder nicht, ist mehr eine Frage des persönlichen Geschmacks als eine der Haltbarkeit. Wichtig ist nur, dass man einige Grundsätze beachtet, z. B. dass man Zwiebel, Knoblauch oder Lauch nicht frisch verarbeitet, sondern diese immer vorher in Fett dünstet. Darauf wird in den Rezepten, in denen es von Belang ist, stets hingewiesen. Weiters kann nicht oft genug erwähnt werden, wie wichtig es ist, beim Einkochen **hygienisch und mit Sorgfalt zu arbeiten.**

Einkochen hat **gegenüber dem Tieffrieren viele Vorteile,** die beiden wichtigsten sind, dass der Geschmack von Eingekochtem besser erhalten bleibt und dass Konserven dieser Art jederzeit zum Verzehr bereit stehen und nicht erst langwierig aufgetaut werden müssen. Außerdem kann man sie gut zum Camping oder Picknick mitnehmen, und die verschiedenen Fleischkonserven können dem persönlichen Geschmack angepasst werden.

WICHTIG! Sauber und sorgfältig

Achten Sie penibel auf Sauberkeit und halten Sie sich an die Angaben in den Rezepten. Dann steht dem Genuss selbst gemachter Köstlichkeiten nichts im Wege.

An dieser Stelle erscheint es als sinnvoll, noch einmal kurz und bündig zu beschreiben, was sich beim Einkochen im Glas abspielt (das Folgende trifft nur auf WECK-Gläser und andere Einkochgläser mit Bügelverschluss zu, prinzipiell auch auf Gläser mit Schraubverschluss, nicht aber auf hermetisch abgeriegelte Dosenware!):

1. **Bei der Erhitzung** entsteht im Einkochglas ein **Überdruck**, der heiße Luft, Dampf und eventuell auch etwas Flüssigkeit zwischen Gummiring und Glasrand aus dem Einkochglas herausdrückt. Deckel und Gummiring (bei WECK-Gläsern und anderen Gläsern mit Bügelverschluss) werden durch Klammern oder Bügel am Glas festgehalten. Die elastischen Klammern (Federn oder Bügel) wirken dabei wie eine Art Überdruckventil: Sie lassen die Luft (oder den Dampf oder die Flüssigkeit) aus dem Glasinneren entweichen, aber von außen gelangt keine Luft und kein Kochwasser in das Glas hinein. Bei Schraubverschlussgläsern sorgt das Gewinde prinzipiell für den gleichen Effekt.

2. Dadurch entsteht **nach dem Einkochen** beim Erkalten **innerhalb des Glases ein Unterdruck** (Vakuum), wodurch der Normaldruck der Außenluft mit rein natürlicher Kraft den Deckel auf den Glasrand bzw. auf den dazwischen befindlichen Gummiring presst und einen dauerhaften Verschluss des Glases bewirkt. Bei WECK-Gläsern sollen die Klammern nach dem Erkalten abgenommen werden (siehe S. 19), bei anderen Bügelverschlussgläsern bleibt die Feder aus dekorativen Gründen dran und bei Schraubverschlussgläsern ist das System sowieso permanent.

WICHTIG! Auf das Zischen beim Öffnen achten

Ein untrügliches Zeichen, dass Eingekochtes noch frisch ist, ist das typische Zischen beim Öffnen der Gläser – das ist bei allen Systemen gleich, egal ob bei Bügel- oder Schraubverschlussgläsern. Wenn der Unterdruck (das Vakuum) im Inneren der Gläser durch das Öffnen des Deckels aufgehoben wird, entsteht dieser charakteristische Ton. Bei verdorbener Ware wird man das Zischen nicht hören, weil Gärgase im Inneren des Glases das Vakuum bereits aufgelöst haben und daher beim Öffnen kein Druckausgleich mehr stattfindet.

Was man über Konservierung wissen sollte

Man unterscheidet im Allgemeinen **drei Konservenarten:**

- **Halbkonserven:** Sie werden bei einem schonenden Erhitzungsverfahren bei Temperaturen von **72–90 °C** erzeugt und sind daher auch bei guter Kühlung nur begrenzt haltbar, da bei der Erhitzung nicht alle Bakterien abgetötet wurden. Die Haltbarkeit liegt bei gekühlter Lagerung zwischen 3 und 9 Monaten (ist die Einkochtemperatur höher, auch bis zu 1 Jahr). Allerdings sollte man beim Verkauf solcher Produkte keinesfalls mehr als 3, maximal 4 Monate als Haltbarkeitsdauer angeben.
- **Dreiviertelkonserven:** Diese Variante wird bei Temperaturen von **95–105 °C** eingekocht; gekühlt gelagert beträgt ihre Haltbarkeit mindestens 6 Monate, auch 1–1,5 Jahre sind möglich. Bei Verkaufsware maximal 6 Monate angeben.
- **Vollkonserven** (auch Dauerkonserven genannt): Sie müssen auch unter ungünstigeren Lagerbedingungen mindestens 18 Monate haltbar sein. Bei ihrer Herstellung sind daher Verfahren anzuwenden, die mit Sicherheit alle Bakterien abtöten, auch die sehr widerstandsfähigen Sporenbildner. Die Herstellung ist daher ohne Autoklav (zumindest Konvektomat) nicht möglich.

Egal welche Gefäße Sie verwenden: Hygiene ist unabdingbar.

Ich rate Ihnen: Lieber eine kürzere als eine zu lange Haltbarkeit auf dem Etikett angeben, weil man ja nicht weiß, wie der Konsument das Produkt lagern wird und wie sich dies auf die Haltbarkeit auswirkt.

WICHTIG! Erhitzungstemperatur

Die Problematik der Hitzekonservierung von Fleisch und Wurst im Glas liegt in der Empfindlichkeit des Muskeleiweißes gegenüber höheren Temperaturen. Ohne diese Hitzeempfindlichkeit wäre es ein Leichtes, alle Fleischkonserven so lange und bei so hohen Temperaturen einzukochen, bis auch der letzte Keim abgetötet wurde – doch der Charakter und Genusswert vieler Produkte würde dadurch nachteilig verändert werden. Die Erhitzungstemperatur und -zeit hat also größten Einfluss auf Qualität, Geschmack, Geruch, Konsistenz, Aussehen, Farbe und Homogenität des eingekochten Fleisches. Deshalb muss die Erhitzung einerseits lange und hoch genug sein, um zumindest eine Halbkonserve herzustellen, darf aber keinesfalls zu lange andauern oder zu hoch sein, damit die gewünschte Qualität erhalten bleibt. Daher sollten Sie sich bitte unbedingt an die im Buch angegebenen Zeiten und Temperaturen halten.

Konservierungstechniken und benötigte Gerätschaften

Das Kochen und Pasteurisieren von Fleisch geschieht grundsätzlich im geschlossenen Kessel, im Dampfgarer, im Autoklav, im Konvektomaten oder (in größeren Betrieben) auch in einem so genannten Luftkochschrank bei unterschiedlichen Temperaturen – so entstehen die Halb- bis Vollkonserven, die gekühlt gelagert unterschiedlich lang haltbar sind. Ist man mit den Grundbegriffen des Einkochens vertraut, kann man sich daran machen, alle drei Wärmekonservierungsverfahren – nämlich die Pasteurisation, die Kochung und die eigentliche Sterilisierung – für sich zu nutzen und das optimale Verfahren für das jeweilige Produkt herauszuarbeiten.

- **Pasteurisation:** Pasteurisieren nennt man das Erhitzungsverfahren bei Temperaturen von unter 100 °C, im Allgemeinen zwischen 72 und 85 °C.
- **Kochung und Sterilisierung:** Bei der Kochung sowie bei der Sterilisierung im engeren Sinne wird mit Temperaturen über 100 °C gearbeitet.
- **Echte Sterilisierung:** Diese erfolgt unter Druckzufuhr bei Temperaturen von 120 °C, was nur in einem Autoklav (Druckkessel) oder Konvektomaten möglich ist.

Während die Pasteurisation und das Einkochen im offenen Kessel möglich sind, erfordert die echte Sterilisierung einen Druckkessel bzw. Autoklav.

Die meisten Mikroorganismen im Produkt sterben bei Temperaturen von 65–80 °C ab, andere Keimarten überleben bis 100 °C. Es gibt aber auch sehr widerstandsfähige Keimarten, die mit der Zeit gefährliche Sporen bilden können, diese sterben erst ab Temperaturen von über 100 °C, manche – so genannte hitzeresistente Sporen – sogar erst bei Temperaturen von 120 °C. Will man also „haltbare“ Konserven in den Handel bringen und ganz sicher sein, dass diese auch nicht gesundheitsgefährdend sind, so ist die Anschaffung eines Autoklavs oder Konvektomaten durchaus sinnvoll.

HINWEIS! Hitzeresistente Sporen

Um sicher zu sein, dass wirklich sämtliche hitzeresistente Sporen abgetötet wurden, benötigt man Einkochtemperaturen von 120 °C.

Ein **Konvektomat** ist ein professioneller Heißluft-Backofen, die Weiterentwicklung wäre der **Kombidämpfer**, der zusätzlich mit heißem Dampf funktioniert. Vor allem dieser Kombidämpfer eignet sich hervorragend zum Einkochen größerer Mengen an Gläsern in verhältnismäßig kürzerer Zeit. Allerdings braucht man ein wenig Erfahrung im Umgang mit diesem Gerät, weil es schwierig ist, den richtigen Zeitpunkt festzustellen, wann eine Kerntemperatur von 72 °C erreicht ist. Lässt man die Gläser zu lange im Kombidämpfer, kann die Masse übergaren und dadurch matschig oder schmierig werden. Aber große Produzenten dieser Öfen arbeiten auf Anregung von Köchen an einer Funktion, die das Einkochen im Kombidämpfer in Zukunft erleichtern soll.

Ein **Autoklav** ist ein gasdicht verschließbarer Druckbehälter, der mit so genanntem Dampfdruckverfahren (ähnlich einem Dampfkochtopf) in der professionellen und industriellen Fertigung zum Sterilisieren verwendet wird – die Anschaffung eines solchen Gerätes ist verhältnismäßig teuer und lohnt sich für Klein- und Mittelbetriebe kaum. Allerdings ist der Autoklav das einzige Gerät, mit dem man eine echte, dauerhafte (und zeitlich kaum begrenzte) Sterilisierung durchführen kann, weil er (aufgrund einer Hitzezufuhr von 121 °C) nicht nur die Keime und Bakterien abtötet, sondern auch die gefährlichen und sehr resistenten Bakteriensporen. Man muss jedoch auch anmerken, dass selbst beim Autoklav keine hundertprozentige Sicherheit besteht, dass alle Keime und Sporen abgetötet werden, sondern nur eine theoretische Sicherheit.

Auch ohne Autoklav oder Konvektomat kann man sich (begrenzt) behelfen, indem man mit einem Trick die Siedetemperatur erhöht: Kochsalz ist das Zaubermittel! Das ist zwar keine Idealmethode, wenn jedoch bestimmte Produkte höher als 100 °C erhitzt werden müssen, aber kein teurer Autoklav oder Konvektomat zur Verfügung steht, dann ist das „Salzkochwasser“ eine gute Möglichkeit, mit der sich immerhin Temperaturen bis zu 112 °C erreichen lassen. Die folgende Tabelle zeigt, welche Kochsalzmengen erforderlich sind, um Temperaturen über 100 °C zu erzeugen:

Temperatur	Salzzugabe
103 °C	6 % (das bedeutet: auf 100 ml Wasser 6 g Salz)
106 °C	10 %
108 °C	14 %
112 °C	18 %

Mit dieser Methode lassen sich immerhin Dreiviertelkonserven herstellen. Die Herstellung von Dauerkonserven ist vor allem für Profis und Industriebetriebe von Bedeutung und nicht Thema dieses Buches. Für den Haushalt und für Direktvermarkter reichen Dreiviertelkonserven vollkommen.

Weitere wichtige Hinweise zum Einkochen von Fleisch

- Sehr hitzeempfindliche **Gelee- und Aspikwaren** sind vorsichtig einzukochen, weil die Bindung des Aspiks leicht verloren gehen kann. Jedoch kann man zur Stabilisierung der Gallerte durch Verwendung einer größeren Gelatinemenge einen Ausgleich schaffen und so die gewünschte (feste) Konsistenz erhalten.
- Manche enthaltene **Aromastoffe** der eingekochten Produkte – z. B. der typische Lebergeschmack – können durch Hitzeeinwirkung erhebliche Veränderungen erfahren und sollten daher möglichst schonend gegart werden.

- Produkte, die mit **Alkohol oder Essig** zubereitet werden, haben ein wesentlich geringeres Bombagerisiko, so dass man die Ware schonender erhitzen kann.
- Die **Sterilisierungszeiten** und **Temperaturen** richten sich prinzipiell nach Art, Zerkleinerungsgrad und Fettgehalt der Konserve – die Rezepte in diesem Buch sind erprobt und sollten zu keinen Fehlfabrikationen führen, wenn man sich an die Anleitung hält! Prinzipiell ist ferner festzuhalten: Es ist ein weithin bekanntes Phänomen, dass bei eingekochten Fleischprodukten, die (zu) heiß und (zu) lange sterilisiert worden sind, ein brandiger Geschmack oder unangenehmer Geruch (so genannter Konservengeruch) auftreten kann. Zu heiße Temperaturen können auch negative Auswirkungen auf die Konsistenz und Schnittfestigkeit der Konserven haben. Diese Qualitätsminderungen können durch schonende Sterilisierung vermieden werden, was allerdings eine geringere Haltbarkeit zur Folge hat. Es gilt daher den optimalen Mittelweg zwischen Haltbarkeit und Geschmack zu finden.

HINWEIS! Geschmack vs. Haltbarkeit

Je schonender die Verarbeitung, desto besser das Endprodukt, aber desto kürzer die Haltbarkeit. Oder: Je intensiver die Sterilisierung, desto länger die Haltbarkeit, desto geschmacksneutraler das Endprodukt.

Das Schichten der Gläser im Einkochtopf

Wichtig: Alle Gläser müssen **gleichmäßig unter Wasser** stehen. Dabei ist es sinnvoll, dass die Gläser nicht direkt auf dem Topfboden stehen, sondern auf einem Abstandhalter (dieser ist in Form einer Drahteinlage erhältlich). Bei speziellen Einkochkesseln reicht es, wenn die Gläser zu zwei Dritteln ihrer Höhe im Wasser stehen. Es ist nicht ratsam, den Einkochtopf zu voll zu füllen, denn das kann zu einem Überkochen führen, was bei erneuter Wasserzugabe die Temperatur sinken lässt und zu Fehlfabrikationen führen kann.

Nicht zu locker, nicht zu eng – so sind Gläser im Einkochtopf richtig geschichtet.

Die Gläser können beim Kochen aneinanderstoßen, sollten aber nicht so locker eingeschichtet werden, dass sie zu schwimmen oder zu tanzen anfangen (das ist insbesondere bei kleinen Gläsern ein Punkt, der zu beachten ist). Kleine Gläser oder wenige Gläser sollten daher mit Küchentüchern stabilisiert werden. Aber hineingezwängt oder unbeweglich verkeilt sollten die Gläser auch nicht werden.

Was beim eigentlichen Einkochen/Sterilisieren im Einkochtopf zu beachten ist

Es wurde zwar auf den Seiten 25 und 26 bereits darauf eingegangen, aber dieser Grundsatz ist so wichtig, dass er hier wiederholt werden muss: Das Gargut im Inneren des Glases wird durch das Einkochen sterilisiert, um Keime, Pilze, Sporen etc. abzutöten und das Produkt dadurch haltbar zu machen. Dies ist nur gegeben, wenn die **Kerntemperatur** (also die Temperatur im Inneren des Gargutes) **mindestens 72 °C** beträgt, denn sonst ist es möglich, dass Keime überleben und das Produkt verderben lassen. Um diese notwendige Kerntemperatur einzuhalten, sind folgende Punkte zu beachten:

- Die **Temperatur des Wassers** muss bei Beginn des Einkochens immer etwa der Temperatur des Glasinhalts entsprechen. Gläser mit kaltem Inhalt daher in kaltem Wasser aufsetzen, Gläser mit warmem Inhalt in entsprechend heißem Wasser aufsetzen. Keinesfalls darf bei Gläsern mit kaltem Inhalt heißes Wasser in den Einkochtopf gefüllt werden.
- Das **Einkochwasser** sollte **langsam erhitzt** werden, damit sich der Inhalt in den Gläsern im gleichen Verhältnis erwärmen kann wie das Einkochwasser.
- Wird ein Kessel zum Einkochen verwendet, benötigt man unbedingt ein **geeignetes Einkochthermometer** (vor der Verwendung überprüfen, ob es auch richtig funktioniert: Wasser auf dem Herd aufkochen lassen, dann das Thermometer hineinhalten, wenn es 100 °C anzeigt, ist es in Ordnung).
- Das Einkochthermometer immer tief genug in das Einkochwasser tauchen, um die Temperatur möglichst exakt zu messen. Einfacher ist die Verwendung eines **Automatik-Einkochtopfes,** da an diesem die Temperatur exakt einstellbar ist.
- Die **Einkochzeit** beginnt erst ab dem Zeitpunkt, wenn die vorgesehene Einkochtemperatur erreicht ist – nicht früher und auch nicht später! Das heißt beispielsweise: Wenn ein Rezept eine Einkochzeit von 60 Minuten bei 80 °C vorschreibt, dann werden die 60 Minuten ab dem Zeitpunkt gemessen, wenn das Thermometer eben 80 °C anzeigt. Die in den Rezepten angegebene **Einkochtemperatur** ist möglichst exakt einzuhalten (das ist beim Automatik-Einkochtopf kein Problem), und auch die angegebene Zeit ist exakt einzuhalten: Zu kurzes Einkochen tötet nicht alle Keime und Sporen ab, was sich negativ auf die Haltbarkeit auswirkt, zu langes Einkochen würde das Gargut übergaren und matschig werden lassen – sensible Massen können sogar „umkippen" (sauer werden).
- Wenn die vorgeschriebene Einkochzeit abgelaufen ist, werden (sofern im Rezept nicht anders angegeben) die Gläser aus dem Einkochtopf herausgenommen und **zügig abgekühlt**. Das geschieht am besten an frischer, nicht zu kalter Luft (bei Zimmertemperatur). Unbedingt vermeiden, die Gläser allzu kalter Zugluft auszusetzen oder sie auf einen kalten Steinboden zu stellen!
- Bei manchen Rezepten werden die Gläser auch im lauwarmen Wasserbad langsam abgekühlt – das ist gewollt, damit das Gargut hier noch etwas nachziehen kann.
- **Nach dem Erkalten** ist unbedingt zu **überprüfen**, ob die Gläser **sauber, sicher und fest verschlossen** sind. Die Deckel müssen spürbar fest mit dem Glas verbunden sein, das lässt sich leicht mit den Händen überprüfen. Es empfiehlt sich, die Sicherheit des Verschlusses am Anfang täglich zu überprüfen, nach einiger Zeit kann man das in regelmäßigen Abständen machen. Bei Deckeln mit Schraubverschluss (oder ähnlichen Verschlüssen aus Blech) muss das Metall nach innen gewölbt sein – dann ist das Vakuum intakt; wölbt es

Einkochtöpfe, bei denen Temperatur und Zeit einstellbar sind, sind sehr praktisch.

sich nach außen, herrscht im Inneren eine Bombage und die Konserve ist zu entsorgen. Das gilt auch für WECK-Gläser oder Gläser mit Bügelverschluss, dann liegen hier die Deckel nur lose auf. Ist das Vakuum im Inneren nicht mehr intakt, muss der Inhalt entsorgt werden.

WICHTIG! Kerntemperatur

Damit Keime abgetötet werden und das Produkt haltbar gemacht wird, muss die Kerntemperatur des Garguts beim Einkochen mindestens 72 °C betragen!

TIPP! Rasch abkühlen

In der Regel sollte das Abkühlen der Gläser nach dem Einkochen möglichst rasch erfolgen. Ausnahmen sind in den Rezepten angegeben.

Einkochen im Backofen oder Dampfgarer

Grundsätzlich kann man sagen, dass man natürlich auch im Backofen oder Dampfgarer einkochen kann, doch es bedarf einiger Tricks, Hilfsmittel und Erfahrung. So ist beim Garen im Backofen unbedingt darauf zu achten, dass die Gläser **in einem Wasserbad auf einem Tuch** stehen und eventuell auch mit nassem Zeitungspapier abgedeckt

Das Einkochen im Backofen erfolgt im Wasserbad, die Gläser stehen auf einem Geschirrtuch.

sind, um ein Zerspringen zu verhindern. Das Einkochen im Dampfgarer ist unproblematisch, da ist die Empfehlung des jeweiligen Herstellers zu beachten, ansonsten kann man mit den gleichen Rezepturen und Richtwerten arbeiten wie beim Einkochkessel.

Einkochen im Konvektomaten

Konvektomaten sind hervorragend zum Einkochen geeignet, weil man mit ihnen ganz leicht und unproblematisch sogar **Vollkonserven** herstellen kann – viele neuere Konvektomaten bieten eigene Einkochprogramme an. Allerdings sind professionelle Konvektomaten sehr teuer, und für den Privatgebrauch ist eine Anschaffung wahrscheinlich nicht sinnvoll. Direktvermarkter sollten sich überlegen, ob nicht ein Autoklav (siehe S. 27) besser für sie geeignet wäre. **Für die Gastronomie** allerdings ist der Konvektomat das perfekte System, da er auch für viele andere gastronomische Zwecke verwendet werden kann. Um das Buch für möglichst viele Nutzer interessant zu machen, sind einige der angegebenen Rezepte speziell für den Backofen entwickelt,

Professionelle Konvektomaten sind leider sehr teuer.

andere für den Dampfgarer oder auch für Konvektomaten (und sogar den Autoklav), bei manchen Rezepten sind sogar Gerätevarianten angegeben. Für Laien empfiehlt sich die Verwendung eines Einkochtopfs mit Thermometer oder – noch besser – eines Automatik-Einkochtopfs.

ABKÜHLEN UND NACHBEARBEITUNG

Sind die Konserven vollständig abgekühlt (das hat möglichst rasch zu erfolgen, allerdings auch nicht so schnell, dass die Gläser platzen könnten – Hinweise zur Vermeidung finden sich in den einzelnen Rezepten), müssen sie mit einem trockenen Tuch abgewischt werden. Das gilt sowohl für Dosen als auch für Gläser!

Etikettierung

Wenn die **Konserve für den Hausgebrauch** zubereitet wurde, reicht es, den Inhalt (z. B. Rillettes, Leberpastete, Corned Beef) zu beschreiben und das Abfülldatum hinzuzufügen, um abschätzen zu können, wie lange die Konserve noch haltbar ist, oder auch um zu wissen, ob das Produkt bereits verzehrfertig ist, denn manche Rezepte erfordern eine gewisse Reifezeit (das ist in den jeweiligen Rezepten beschrieben).

Will man das Produkt in den **Handel** bringen, so muss man die gesetzlichen Bestimmungen beachten: Neben dem Inhalt sind auch die Zutaten aufzulisten. So müssen die Hauptbestandteile prozentuell ange-

Sind die Produkte für den Verkauf bestimmt, müssen gesetzlich vorgegebene Informationen auf dem Etikett beschrieben sein.

geben sein (z. B. 33 % Hühnerleber, 30 % Butter etc.). Bei den übrigen Zutaten, z. B. bei Gewürzen, reicht es grundsätzlich, „Gewürze" zu schreiben (außer es sind Gewürze drin, die Allergiker betreffen, wie Nüsse, Sellerie etc.). Weiters müssen der Hersteller, das Abfülldatum, die Füllmenge, die ideale Lagertemperatur, Mindesthaltbarkeit („mindestens haltbar bis ...") oder auch das Verbrauchsdatum („zu verbrauchen bis ...") sowie der Preis angegeben sein.

WICHTIG! Etikettangaben

Direktvermarkter müssen die gesetzlichen Bestimmungen bezüglich der Angaben auf dem Etikett beachten (siehe Anhang, S. 167)!

Lagerung

Die richtige Lagerung hat entscheidenden Einfluss auf die Haltbarkeit der so genannten Halbkonserven – diese müssen unbedingt **kühl, trocken und lichtgeschützt** gelagert werden. Die ideale Lagertemperatur beträgt **2–4 °C**, sehr fett- oder schmalzreiche Konserven (Confit, Rillettes etc.) können auch bei Kellertemperatur oder im Kühlschrank gelagert werden.

Allerdings sollte die Lagertemperatur **auf keinen Fall mehr als 8 °C** betragen, wenn die Konserve möglichst lange halten soll. Bei Vollkonserven ist dies eher nebensächlich, denn diese sind – richtig und fachgerecht hergestellt – viele Jahre, wenn nicht „fast unbegrenzt" haltbar. Bei Dosen ist darauf zu achten, dass keine Feuchtigkeit herrscht, denn diese könnte die Dosen rosten lassen. Genauso wenig dürfen die Konserven aber Frost ausgesetzt sein.

Generelles zur Haltbarkeit

Noch einmal möchte ich darauf hinweisen, dass es sich bei den Rezepten in diesem Buch vornehmlich um so genannte **Halbkonserven mit begrenzter Haltbarkeit** handelt, da fast immer auf Konservierungsstoffe verzichtet wird und auch die Konservierungsmethoden nur in Ausnahmefällen zu Voll-/Dauerkonserven führen. Oft ist zu lesen, dass solche Halbkonserven nicht länger als 3–6 Monate haltbar sind und nur Vollkonserven länger aufbewahrt werden können. Es ist aber nicht möglich, an dieser Stelle eine Garantie für die Haltbarkeit der hier beschriebenen Rezepte zu übernehmen, und **ich empfehle ausdrücklich, Halbkonserven nur für den persönlichen Gebrauch oder für Restaurantbetriebe** (mit begrenzter Lagerung) **zu verwenden**.

Will man die Produkte in den Handel bringen, so sollte man Vollkonserven produzieren, was sich mit einigen wenigen Änderungen der Rezepte leicht vollbringen lässt:

1. Pökelsalz statt Kochsalz verwenden und
2. Vollkonserven im Konvektomaten oder Autoklav (siehe Konservieren) herstellen.

Weiter will ich aber auch festhalten, dass bei richtiger Verarbeitung – einwandfreies Rohmaterial, saubere Verarbeitung und sorgfältiges Einkochen/Sterilisierung – und anschließender sachgerechter Lagerung auch Halbkonserven durchaus fast 1 Jahr halten können.

In den meisten Rezepten ist daher ein Mindesthaltbarkeitsdatum angegeben, das aber nur gilt, wenn wirklich fachgerecht gearbeitet wurde!

Bombage: Bei semiprofessioneller und professioneller Herstellung von eingekochten Fleischprodukten empfiehlt sich gleich nach dem Einkochen und Abkühlen die so genannte Bombagenprüfung, bei der die Produkte in einen Brutkasten mit 37 °C Temperatur kommen und dort „gebrütet" werden. Bei handelsüblichen Konserven ist eine Bebrütung von fünf Tagen üblich. Zeigen sich nach der Bebrütung und Wiederabkühlung Verwölbungen von Deckel und Boden bei Dosen bzw. der Schraubdeckel oder der Metallverschlüsse von Gläsern, die durch einen mangelhaften Verschluss oder durch eine mangelhafte Sterilisierung verursacht sein können, ist die erforderliche Haltbarkeit nicht gegeben. Ein Nachsterilisieren der geprüften Charge ist nicht zu empfehlen, vielmehr sollten diese Konserven dem baldigen Verbrauch zugeführt werden (am besten sofort öffnen und verzehren).

WICHTIG! Haltbarkeit

Sofern nicht anders angegeben, sind alle im Rezeptteil beschriebenen Produkte, werden sie kühl (zwischen 2 und 6 °C) gelagert, mindestens 6 Monate haltbar.

Verpackung, Preisgestaltung, Verkauf

Für den Direktvermarkter ist es wichtig, sich auch über die **Präsentation** seiner Produkte Gedanken zu machen, denn man kann mit der optischen Erscheinung viel über den Inhalt verraten. So sollte nicht nur bei der Auswahl des Glases, sondern auch bei der grafischen Gestaltung der Etiketten darauf geachtet werden, dass das „Drumherum" auch dem Inhalt gerecht wird: So sieht es stimmig aus, z. B. rustikale Pasteten in Bügelverschlussgläser abzufüllen und mit rustikal gestalteten Etiketten zu versehen.

Traditionelles wie Rillettes oder Confits kann man z. B. in WECK-Gläsern mit entsprechend gestalteten Etiketten oder auch in Sturzgläsern mit Schraubverschluss präsentieren. Bei eleganten Produkten (z. B. getrüffelte Gänseleber) ist es von Vorteil, ein entsprechend edles Glas zu nehmen und auch dem Etikett eine elegante Erscheinung zu geben. Generell sollten die hausgemachten Köstlichkeiten nicht überkandidelt wirken, sondern auch optisch den Stil „hausgemacht" vermitteln – so kann man sich auch von Industrieware absetzen.

Bei der **Preisgestaltung** kann man neben den kaufmännischen Grundsätzen auch die emotionalen Werte (Handarbeit, edle Produkte, die verarbeitet wurden etc.) einkalkulieren, sofern man diese auch dem Kunden vermitteln kann. Ein hausgemachtes Produkt mit edlem Inhalt sollte daher nicht zu preiswert angeboten werden, damit der Kunde weiß, dass er etwas „Besonderes" erwirbt.

Bezüglich des **Verkaufs** sollte man sich gut überlegen, wo man das Produkt anbieten will. Ab-Hof-Verkauf, Wochenmärkte etc. sind sicher gute Möglichkeiten, aber gerade für diese speziellen Produkte eignen sich

Eine schöne Verpackung und passende Etiketten machen jedes Produkt attraktiver für den Kunden.

durchaus auch Edel-Lebensmittelgeschäfte, regionale Delikatessenhändler oder sogar Handelsketten, die das Besondere suchen (ja, so etwas gibt es auch!). Hier gilt es, sich vor der Akquisition über die CI (Corporate Identity) und das Sortiment des zukünftigen Partners zu informieren und abzuwägen, ob das eigene Produkt in Bezug auf Qualität, Preis-Leistungs-Verhältnis sowie Inhalt dazupasst. Es macht sicher keinen Sinn, eine rare Edelkonserve bei einem Discounter unterbringen zu wollen, während ein zu alltägliches Produkt beim Delikatessenhändler kaum eine gute Figur machen wird.

DER SCHMALZTOPF

Unter dem „Schmalztopf" versteht man im Allgemeinen alles, was im (eigenen) Fett eingekocht und anschließend in Schmalz eingelegt wird. Da insbesondere das Schweineschmalz eine sehr gute Haltbarkeit (auch bei Kellertemperatur) aufweist und das eingelegte Produkt im Schweineschmalz luftdicht abgeschlossen ist, war es früher (neben der Lufttrocknung) die einzig brauchbare Möglichkeit, Fleisch über einen längeren Zeitraum zu konservieren. Aber auch beim Schmalzauslassen anfallende Nebenprodukte (wie etwa Grammeln), die berühmten Rillons (größere, im eigenen Fett gegarte Fleischstücke) und verwandte Produkte (wie etwa Verhackertes und Kübelfleisch) gehören zu dieser Gruppe von Fleischkonserven.

GRUNDLEGENDES

Eine der **traditionellsten und ältesten Techniken der Fleischkonservierung** ist das **Einlegen von** (meist fertig gegarten) **Fleischstücken in Schweineschmalz** oder auch Gänse- bzw. Entenfett. Das Einlegen in Schmalz hat aber nicht nur den Vorteil der verlängerten Haltbarkeit der Materialien, sondern auch den, dass das zu konservierende Gut wunderbar schmackhaft und saftig bleibt oder gar durch das Einlegen erst wird. Und dazu braucht man eben Schmalz, weshalb sich der erste Teil dieses Kapitels mit der Herstellung von Schmalz und Grammeln beschäftigt.

Im Gegensatz zu den Confits oder anderen eingekochten Fleischprodukten lagert man das Schmalz (bzw. auch die in Schmalz eingelegten Speisen) in einem speziellen Schmalztopf (mit Belüftungslöchern) aus Emaille – diese Töpfe gibt es auch heute noch zu kaufen; sie leisten sehr gute Dienste. Alternativ bieten sich auch Steingutgefäße an.

Das auf diese Art verarbeitete Fleisch oder Schmalz muss nur entsprechend **kühl gelagert** werden und hat dann eine **Haltbarkeit von 4–6 Monaten**, bei entsprechenden klimatischen und hygienischen Bedingungen sogar noch wesentlich länger. Kübelfleisch kann nach einer gewissen Reifezeit portioniert und vakuumiert werden, was die Haltbarkeit zusätzlich verlängert.

Eine ganz besondere Delikatesse sind die französischen Rillons. Bevor man sich an

Paprika-Knoblauch-Schmalz (Rezept S. 42)

die Confits (siehe S. 55) wagt, sollte man mit Rillons beginnen.

Da die Herstellung einfacher ist und Rillons auch den einen oder anderen küchentechnischen Fehler vertragen, eignen sie sich gut zu Übungszwecken, um mit dem Umgang mit verschiedenen Temperaturen (vor allem im niederen Bereich) vertraut zu werden.

Und die vielfältig zubereiteten Rillons sorgen für Abwechslung in der Küche!

Dann behandelt dieses Kapitel noch eine der ganz besonderen Spezialitäten: die im eigenen Schmalz eingegossene Gänseleber, welche tatsächlich dann am besten schmeckt, wenn man sie selbst zubereitet hat. Bei all der Vorfreude auf die selbst hergestellten Produkte sollte man sich aber ein wenig beherrschen können, denn viele von ihnen brauchen einfach eine gewisse Ruhepause im Kühlschrank oder Keller, damit sich das typische Aroma entfalten kann.

SCHWEINESCHMALZ & GRAMMELN

Was früher (vor allem auf dem Lande) gang und gäbe war, wird heute nur mehr selten selbst gemacht, weil die meisten Menschen Schmalz und Grammeln im Supermarkt kaufen. Dabei ist es weder eine Hexerei noch eine besonders große Kunst, Schmalz und Grammeln selbst herzustellen. Noch dazu schmecken diese viel besser.

Die Herstellung von Schmalz wird mancherorts als „Fett auslassen" bezeichnet. Wenn Fett klein geschnitten, erwärmt und somit flüssig wird, entstehen Grammeln, das sind die kleinen Bindegewebsreste, die beim Schmelzen des Fettes zurückbleiben.

Zu beachten ist, dass es **zwei unterschiedliche Arten von Schweineschmalz** gibt:

- Erstens das klassische Schmalz aus dem rohen Schweinerückenspeck und
- zweitens das Schmalz aus dem Fettgewebe der Bauchhöhle des Schweins, das Schmer genannt wird.

Rückenspeck ergibt ein festes, sehr schmackhaftes Schmalz und viele Grammeln, der Schmer wird im erkalteten Zustand sehr viel weniger fest als das Schmalz aus dem Rückenspeck und ergibt auch weniger schmackhafte Grammeln. Zudem muss der Schmer gewässert werden, ehe man ihn auslassen kann, und die Grammeln sind nur im warmen Zustand verzehrbar.

Für das Thema des Buches ist also Rückenspeck eindeutig besser geeignet als Schmer, wenngleich in der bäuerlichen Haushaltung früher nicht so fein unterschieden und meist das gesamte (übrig gebliebene) Schweinefett zu Schmalz verarbeitet wurde.

Rückenspeck – eine Grundzutat vieler Rezepte in diesem Kapitel

Herstellung von Schweineschmalz

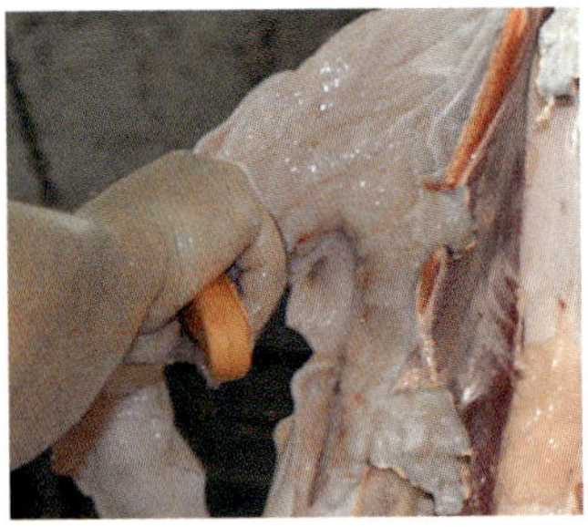

Den Speck und evtl. Schmer in 2–3 cm dicke Scheiben schneiden, dann würfeln.

Unter ständigem Rühren wird alles gegart, ...

... bis das Fett ausgelassen ist und sich die Grammeln bilden.

Die Grammeln im heißen Fett goldbraun werden lassen.

Ständig Temperatur überprüfen, die Grammeln dürfen nicht zu heiß werden.

Goldbraune Grammeln abseihen und auspressen.

Das entstandene Schmalz wird zum Aufbewahren in einen Schmalztopf gefüllt.

Nach Belieben Grammeln unters Schmalz mischen.

REZEPTE

KLASSISCHES SCHWEINESCHMALZ MIT GRAMMELN

2 kg roher Schweinerückenspeck
etwas Milch

Vom rohen Schweinespeck die Schwarte abtrennen. Dann die Speckseite in 1–2 cm dicke Scheiben schneiden, diese Scheiben anschließend in 1–3 cm große Würfel schneiden.

Die Speckwürfel mit etwas Wasser in einen großen Topf (am besten nimmt man dafür einen speziellen Kessel aus Emaille) füllen und langsam erhitzen. Wichtig ist, dass die Temperatur immer möglichst gering gehalten wird (maximal 120 °C), damit der Speck gut ausgelassen werden kann und die festen Bestandteile (die dann die Grammeln ergeben) nicht zu schnell zu dunkel werden.

Während der Speck ausgelassen wird, sollten die Grammeln langsam goldgelb werden, dabei ständig mit einem Holzlöffel rühren.

Die fertigen, goldbraunen Grammeln mit einem Siebschöpfer aus dem ausgelassenen Fett schöpfen und durch ein Sieb abtropfen lassen, anschließend die heißen Grammeln mit etwas Milch beträufeln. Um das überschüssige Fett zu entfernen, die Grammeln mit einem Löffel durch ein Sieb drücken oder auch mit einer Kartoffelpresse ausdrücken.

Das Schmalz durch ein Küchentuch in einen Emaille- oder Steinguttopf filtern und an einen kühlen Platz stellen, wo das Fett fest und haltbar wird (hält bei einer Temperatur von 2–4 °C bis zu einem Jahr).

Die Grammeln kann man im Kühlschrank ebenfalls einige Zeit aufbewahren, sie werden entweder kalt mit etwas Salz genossen oder kurz vor dem Verzehr nochmals in der Pfanne geröstet. Man kann die Grammeln natürlich auch für allerlei andere Zubereitungen (Grammelschmalz, Grammelknödel, Krautsalat mit Grammeln, Krautfleckerln mit Grammeln etc.) verwenden.

GRAMMELSCHMALZ VOM FLOMEN AUF TRADITIONELLE ART

4 kg Flomen (ersatzweise Rückenspeck)
3–4 säuerliche Äpfel
3–4 Zwiebeln
50 g Majoran
Pfeffer aus der Mühle
Kochsalz

Flomen ist das Nierenfett vom Schwein, das ein hervorragendes Grammelschmalz ergibt. Wenn man gleich größere Mengen herstellt, wirkt sich das positiv auf den Geschmack aus.

Den Flomen mit einem großen, scharfen Messer etwas zerkleinern, danach durch die grobe Scheibe des Fleischwolfs drehen. Die Fettmasse in einen ausreichend großen Topf füllen und langsam erhitzen. Zwischenzeitlich die entkernten Äpfel und die Zwiebeln schälen und klein würfeln.

Sobald das Fett klar wird und langsam Farbe bekommt, die Apfel- und Zwiebelwürfel dazugeben und alles weiterhin erhitzen – gelegentlich mit einem Holzlöffel umrühren. Wenn die Grammeln knusprig braun sind, ist das Schmalz fertig.

Das Schmalz vom Herd nehmen und ein paar Stunden auskühlen lassen, dabei gelegentlich umrühren, damit es schön geschmeidig wird. Schließlich mit Majoran, Pfeffer und Salz herzhaft abschmecken und in saubere Gläser füllen, gut verschließen und kühlen – nach ein paar Stunden ist das Grammelschmalz dann weiß und fest.

Knusprig gebratene Grammeln schmecken kalt oder erneut in der Pfanne geröstet.

GRAMMEL-ZWIEBELSCHMALZ

Zutaten für 1 Steinguttopf (ca. 1 l Fassungsvermögen)

200 g Zwiebeln

100 g Schweineschmalz

800 g Grammelschmalz (siehe voriges Rezept)

5–8 g weißer Pfeffer aus der Mühle

1–2 g Macis (Muskatblüte), gemahlen

20–25 g Meersalz oder Steinsalz

Die Zwiebeln klein würfeln und portionsweise in heißem Schweineschmalz goldbraun frittieren, dann abschöpfen und abtropfen lassen.

Das Grammelschmalz in einem Topf bei schwacher Hitze sämig werden lassen, das Frittierfett von den Zwiebeln durch ein feines Sieb dazugießen und unterrühren. Nun die frittierten Zwiebeln, Pfeffer, Macis und Salz einarbeiten, gut vermischen und in den sauberen Steinguttopf füllen, im Kühlschrank aufbewahren.

Grammelschmalz mit Zwiebeln

PAPRIKA-KNOBLAUCH-SCHMALZ (Foto siehe S. 36)

Zutaten für 1 Steinguttopf (ca. 1 l Fassungsvermögen)

500 g magerer, geräucherter Speck
2 Zwiebeln
12–15 Knoblauchzehen (gern auch mehr)
Ursalz oder Meersalz nach Geschmack
1 EL Petersilie, Liebstöckel oder Kerbel, gehackt
Paprikapulver „rosenscharf" oder geräucherter Pimenton de la vera (scharf)
400 g Schweineschmalz

Den Speck in sehr kleine Würfel schneiden und in einer großen Pfanne bei schwacher Hitze leicht auslassen, dann die gehackten Zwiebeln und nach 10–12 Minuten auch die Hälfte der geschälten und zerdrückten Knoblauchzehen dazugeben. Alles braten, bis Zwiebeln, Knoblauch und Speck eine schöne Farbe haben und verführerisch duften.

Die restlichen Knoblauchzehen schälen und mit etwas Salz zu einer Paste zerdrücken. Mit den gehackten Kräutern unter die noch heiße Masse in der Pfanne rühren und anschließend kräftig mit Paprikapulver würzen.

Das Schweineschmalz in einem separaten Topf lauwarm erhitzen, unter die Speckmasse rühren und alles sorgfältig geschmeidig rühren.

In den sauberen Steinguttopf füllen und vor dem Verzehr mindestens 1 Woche im Kühlschrank durchziehen lassen, innerhalb von 6 Monaten verbrauchen.

KRÄUTERSCHMALZ

Schmalz (Menge und Art nach Belieben)
Kräuter (Menge und Sorten nach Belieben, z. B. Rosmarin, Salbei, Lavendel, Thymian, Fenchel, Liebstöckel, Petersilie, Kerbel)

Das Schmalz langsam erwärmen. Frische Kräuter fein hacken und in das noch flüssige Schmalz rühren. Durch das warme Fett werden die Aromastoffe aus den Kräutern herausgezogen und aromatisieren das Schmalz, das zudem gleichzeitig die Kräuter konserviert.

Bei der Lagerung ist darauf zu achten, dass die Kräuter stets von einer Schmalzschicht bedeckt sind.

GÄNSESCHMALZ

Gänseschmalz ist sehr leicht herzustellen: Einfach von mehreren Gänsen das sichtbare, überschüssige Fett entfernen (derartiges Fett kann man meist auch beim Geflügelhändler kaufen) und dieses wie Schweineschmalz langsam auslassen, wobei es mindestens 2 Stunden durchgehend erhitzt werden sollte. Dann das Fett durch ein Tuch in ein Steingutgefäß filtern und bis zum Gebrauch kühl lagern.

Variante
Auf die gleiche Weise wird auch Entenschmalz erzeugt.

GÄNSEGRAMMELN

Haut von 2–3 Gänsen
400–500 g unausgelassenes rohes Gänsefett
etwas Milch
Salz

Von der Haut die verbliebene Fettschicht ablösen und die Haut gründlich säubern. Haut und Fett in gleichmäßige, nicht zu große Stücke schneiden, die Haut zusätzlich etwas einschneiden.

Einen breiten Topf damit auslegen und so viel Wasser angießen, dass alle Stücke knapp bedeckt sind. Zugedeckt schmoren, bis das Fett an die Wasseroberfläche steigt. Danach den Deckel abnehmen und so lange kochen, bis die obenauf schwimmenden Grammeln eine schöne, goldbraune Farbe haben – während des Kochens gelegentlich mit einem Holzlöffel rühren oder den Topf ab und zu sanft hin und her schwenken.

Vom Herd nehmen und vorsichtig etwas Milch darüberträufeln und zugedeckt noch einige Minuten stehen lassen.

Zum Schluss das Fett abgießen (dieses ist gelblich, grießig und ein wenig dünnflüssig – ist aber noch sehr gut zum Kochen geeignet) und die Grammeln in einem grobmaschigen Sieb mit einem Löffel gut ausdrücken, damit diese möglichst wenig Fett enthalten.

Für Gänsegrammeln wird die in Stücke geschnittene Haut zusätzlich eingeritzt.

Serviertipp
Sollen die Grammeln frisch genossen werden (wie sie am besten schmecken), so werden sie gesalzen und gleich frisch aufgetischt.
Warm schmecken sie am besten mit eingelegtem Gemüse und ofenfrischem Bauernbrot, im erkalteten Zustand reicht man Tomaten, Jungzwiebeln und Paprikaschoten dazu.

Schmalzbrot, mit Zwiebeln verfeinert

GÄNSE-GRAMMELSCHMALZ AUF DIE FEINE ART

500 g frische Gänsehaut (vorzugsweise von der Brust)
Majoran oder Beifuß
Pfeffer aus der Mühle
Salz

Die Haut mitsamt ihrem eigenen Fett im Backofen oder in einer Pfanne richtig schön knusprig braten, dabei sollte die Hitze nicht übermäßig groß sein, damit das Fett gut ausbraten kann.

Dann die knusprig gewordene Haut aus dem Fett nehmen und auf einem Küchenbrett hacken – je nach Belieben in größere oder auch kleinere Stücke.

Die Gänsegrammeln entweder sofort frisch genießen oder haltbar machen: Das beim Ausbraten der Haut entstandene Bratfett aus der Pfanne durch ein Sieb filtern, mit Majoran oder Beifuß, Pfeffer aus der Mühle sowie Salz würzen und diese Mischung in sterile Gläser abfüllen.

Hält im Kühlschrank einige Wochen.

GÄNSELEBER IM EIGENEN FETT

Für diese Delikatesse wird man die besten Ergebnisse mit der Leber einer guten Mastgans erzielen. Als Alternative eignen sich auch Enten- und sogar Hühnerlebern.

REZEPT

GEBRATENE GÄNSELEBER IM EIGENEN FETT

400–500 g Gänseschmalz
500 g Gänse-, Enten- oder Hühnerlebern
1–2 Knoblauchzehen, geschält
etwas Delikatess-Paprikapulver

Das Gänseschmalz erwärmen.

Die Lebern waschen, trocken tupfen und zusammen mit dem angedrückten Knoblauch ins Schmalz geben. 100 ml Wasser vorsichtig angießen und alles zugedeckt bei schwacher Hitze etwa 8 Minuten garen, bis das Fett brutzelt.

Die Lebern herausnehmen, etwas abkühlen lassen und in dicke Scheiben schneiden. In eine gut gesäuberte (am besten sterilisierte) Steingutschale legen und das Fett darübergießen. Kalt stellen.

Wenn das Fett erstarrt ist, alles mit einer dünnen Schicht Paprikapulver bestreuen und zugedeckt 3–5 Tage ziehen lassen.

Hält im Kühlschrank einige Wochen (aber nur bei Kostverächtern).

RILLONS

Rillons sind größere Fleischstücke, die langsam in Schmalz gegart werden und gehören zum Besten, was man aus Schweinefleisch zubereiten kann.

REZEPTE

FRISCHE RILLONS

(für den Frischverzehr bzw. alsbaldigen Verbrauch)

2 kg frischer Schweinebauch
45–50 g feines Meersalz
1 EL Gewürzmischung (Pfeffer, Zimt, Gewürznelke und Muskatnuss)
700–800 g Schweineschmalz
6–8 EL brauner Zucker

Am Vortag der Zubereitung das Fleisch mitsamt der Schwarte in ca. 5 cm große Würfel schneiden, Salz und Gewürze vermischen und damit die Fleischstücke einreiben. Über Nacht im Kühlschrank ziehen lassen.

Am Tag der Zubereitung in einem Schmortopf das Schweineschmalz zerlassen und das Fleisch darin anbraten, bis es rundherum Farbe angenommen hat. Dann die Temperatur auf eine niedrige Stufe zurückdrehen und das Fleisch gut 2 Stunden sanft schmoren, bis es ganz zart ist (mit einem Strohhalm überprüfen). Schließlich den Zucker hinzufügen und diesen karamellisieren lassen.

Diese Rillons schmecken frisch und warm am besten, man kann sie aber auch in ein Steingutgefäß füllen und im Kühlschrank aufbewahren.

Im Kühlschrank einige Wochen haltbar.

RILLONS DE TOURS

Dies ist der Klassiker aus der historischen Provinz Tourraine und gleichzeitig das Rezept für die legendären Rillons, welche von Honoré de Balzac mit Trüffeln verglichen wurden – so sehr hat der Schriftsteller-Fürst diese Köstlichkeit verehrt.

Das Besondere an der Variante aus Tours ist der Wein, denn für diese Rezeptur ist der Vouvray, ein Weißwein aus dem Loire-Gebiet, typisch. Heute werden industriell gefertigte Rillons gerne mit Zuckercouleur (Zuckersirup mit karamellartiger Farbe) gesüßt und gefärbt, das ist aber weder zu empfehlen noch original. Einen besonderen Kick erhalten die Rillons aber, wenn man beim Garen etwas Yannoh (ein spezieller Getreidekaffee) hinzufügt, denn dieser sorgt für ein intensives natürliches Aroma und ein besonderes Knistern. Und das ist sogar von den Traditionalisten unter den französischen Fleischern anerkannt.

Rillons

2,5 kg Schweinebauch
5–6 Zweige Thymian
2–3 Lorbeerblätter
45–50 g feines Meersalz
5–8 g schwarzer Pfeffer, frisch gemahlen
1 kg Gänse- oder Schweineschmalz
1 Flasche Vouvray (vorzugsweise als Sekt), ersatzweise guter Riesling
4–5 EL Yannoh (oder ein anderer guter Getreide- bzw. Zichorienkaffee)

Vom Fleisch die Schwarte und die Knorpel entfernen und das Fleisch in möglichst gleichmäßige Stücke von ca. 6 x 12 cm Kantenlange schneiden.

Thymian abrebeln, Lorbeerblätter zerbröseln und beides mit der Hälfte vom Salz vermischen. Das Fleisch mit dieser Gewürzmischung einreiben und mit dem Pfeffer würzen. Das Fleisch in eine Schüssel füllen und zugedeckt 24 Stunden marinieren lassen.

Am Tag der Zubereitung etwas Schmalz in einer Kasserolle erhitzen und die mit Küchenpapier trocken getupften Fleischwürfel darin rundherum 5 Minuten bräunen.

Den Wein dazugießen, das restliche Fett und auch das restliche Salz in den Topf geben. Zudecken, Hitze reduzieren und gut 1,5 Stunden leise garen lassen, die Fleischstücke gelegentlich mit einem Holzlöffel vorsichtig wenden.

Nach der Garzeit den Deckel entfernen und den Yannoh (man wird diesen nicht schmecken, sondern nur auf der Zunge spüren) einarbeiten. Weitere 2 Stunden bei sehr schwacher Hitze offen garen, dabei regelmäßig mit dem Schmalz übergießen.

Die Rillons aus dem Schmalz heben und in ein Steingutgefäß füllen.

Das Schmalz nochmals erhitzen, so dass es flüssig ist, und anschließend durch ein Sieb über das Fleisch gießen – auskühlen lassen und anschließend kalt stellen.

Im Kühlschrank halten Rillons etwa 20–30 Tage.

Schweinebauch eignet sich vorzüglich zur Zubereitung von Rillons.

Das Fleisch gart sanft in der Mischung aus Schmalz, Wasser und Wein.

RILLONS VON DER SCHWEINEBRUST

Eine modernere Version der berühmten Rillons, die aber den Fleischstücken ihren vollen Eigengeschmack lässt und daher nur aus qualitativ hochwertigem Schweinefleisch hergestellt werden sollte.

3 kg Schweinebrust (ohne Schwarte und Knochen)
75–100 g Salz
15–20 g Pfeffer
1,2–1,5 kg Flomen (Nierenfett vom Schwein)

Die Schweinebrust in ca. 6 cm große Würfel schneiden und mit Salz und Pfeffer einreiben, danach in einer Schüssel kalt stellen und 24 Stunden ziehen lassen. Das Fleisch aus der Schüssel nehmen und mit Küchenpapier trocken tupfen.

Das Nierenfett in einer großen Kasserolle auslassen und die Fleischwürfel darin rundherum farbgebend braten. Dann die Temperatur reduzieren und das Fleisch 2 Stunden sanft garen, bis es zart und rundum gebräunt ist. Das Fleisch aus der Kasserolle heben und in saubere Steinguttöpfchen verteilen. Das Fett filtern und das Fleisch damit begießen.

Wenn alles ausgekühlt ist, dick mit Fett bedecken, sollte die Menge nicht ausreichen, noch zusätzlich Schweineschmalz darübergeben.

Die Töpfchen mit einem Deckel oder Backpapier abschließen und die Rillons vor dem Verzehr 2–3 Wochen im Kühlschrank durchziehen lassen.

Diese (dem Confit ähnlichen) Rillons werden vor dem Verzehr in einer Pfanne ohne Fett gebraten, damit sie das überschüssige Fett verlieren.

Dazu gibt es ofenfrisches Landbrot, Wein und Cornichons.

EINGEKOCHTE RILLONS

Zum Abschluss noch ein Rezept für Rillons, die länger haltbar sind. Allerdings bewegen wir uns mit diesem Rezept schon in die Richtung der Confits, welche das Thema des nächsten Kapitels bilden. Der Grund: Diese Rillons werden für eine längere Haltbarkeit eingekocht, was man mit traditionellen Rillons eigentlich nicht macht.

Zutaten für 4 Einkochgläser mit Bügelverschluss (à 1 l)
2 kg Schweinerückenspeck
1 kg Schweinebauch
1 kg Schweinebrust
Salz
Pfeffer aus der Mühle
1 TL Thymian
3–4 Lorbeerblätter

Den Speck in kleine Würfel schneiden. Das Bauch- und Brustfleisch in 7–8 cm große Würfel schneiden, das Fleisch mit Salz, Pfeffer, Thymian und zerriebenen Lorbeerblättern würzen und über Nacht im Kühlschrank ziehen lassen.

Am nächsten Tag den Speck auslassen und die Grammeln aus dem heißen Schmalz heben. Das marinierte Fleisch mit Küchenpapier trocken tupfen und in das sehr heiße Schmalz

Der klein geschnittene Rückenspeck wird ausgelassen, im heißen Schmalz wird das Fleisch gegart.

geben (es sollte zischen!). Anschließend die Hitze zurückdrehen und 3–4 Stunden auf kleiner Flamme schmoren lassen.

Die fertig gegarten Fleischstücke in die Gläser füllen, mit dem gefilterten Schmalz auffüllen und mit dem Deckel verschließen.

1 Stunde im Einkochtopf bei 98–100 °C einkochen, dann in lauwarmem Wasser auskühlen lassen und vor dem Verzehr 4 Wochen an einem kühlen Platz durchziehen lassen.

Serviertipp

Rillons an einem warmen Ort „aufgehen“ lassen, bis das Schmalz so weich ist, dass man das Fleisch leicht herausnehmen kann. Das Fleisch ohne Fettzugabe in einer beschichteten Pfanne leicht rösten und mit Salz und Pfeffer nachwürzen. Als Beilage rohe Kartoffelscheiben in etwas Schmalz aus dem Glas knusprig braten und mit den Rillons auftischen, dazu passt ein kräftiger Rotwein.

STEIRISCHES KÜBELFLEISCH & VERHACKERTES

Es gibt viele unterschiedliche Varianten von Kübelfleisch, fast jede Region der Steiermark (wenn nicht sogar fast jeder Bauernhof) hat dafür eine eigene Rezeptur. Eines ist aber grundsätzlich immer gleich: Größere Fleischstücke (ca. 1,5 kg) werden langsam gegart, anschließend in Schweinefett luftdicht eingeschlossen (es ist wichtig, dass das Fleisch komplett mit Fett ummantelt ist!) und kühl gelagert.

Unterschiede gibt es bei der Wahl des Fleisches (Schulter, Rücken, Schlögel, Bauch etc.), bei der Vorbereitung (ob man z. B. Geselchtes oder nur gepökeltes Fleisch nimmt), beim Garen (ob das Fleisch gesiedet, gekocht oder gebraten wird) und bei der Wahl des Fetts (man kann z. B. Schweineschmalz oder auch Verhackertes, siehe S. 51, nehmen). Natürlich variiert auch die Würze, die von leicht gesalzen bis stark gewürzt reichen kann.

Neben größeren Fleischteilen wurden früher auch verschiedene Würste in Schmalz eingelegt, um einen Vorrat für die „schlacht-

Luftdicht in Schmalz oder Verhackertem „verpackt“ wird das Fleisch im Kübel aufbewahrt.

freie Zeit" (damit waren die Sommermonate gemeint, in denen traditionell nicht geschlachtet wurde) anzulegen.

Kübelfleisch ist eine traditionelle „Halbkonserve", die bei entsprechender Lagerung und entsprechenden hygienischen Bedingungen etwa 4–6 Monate hält (am besten bei 2 °C in einem Kühlhaus, Surfleisch verträgt auch höhere Lagertemperaturen, jedoch sollte die Außentemperatur nicht mehr als 10 °C betragen). Für eine längere Haltbarkeit kann man das Kübelfleisch auch nach der Reife (3–4 Wochen) aus dem Fett nehmen, portionieren und in Vakuum einschweißen – das ist zwar insbesondere für Wiederverkäufer praktisch, aber doch ein wenig „unromantisch", denn schließlich hat das Kübelfleisch seinen Namen vom „Kübel", in dem es eingelegt wurde.

HINWEIS! Varianten

Kübelfleisch gibt es auch in Oberösterreich, Slowenien, Ungarn etc., wo es aber mit geräuchertem Fleisch hergestellt wird.

REZEPTE

VERHACKERTES

Beim Verhackerten handelt es sich um eine österreichweit bekannte Spezialität, die aus zunächst eingesalzenem und luftgetrocknetem Schweinerückenspeck hergestellt wird. Der fein gehackte Speck wird bis zu seiner Verwendung in einem Emaille-Schmalztopf oder auch Steingutgefäß luftdicht eingestampft.

Verhackertes wird in Emaille- oder Steingut-Töpfen eingestampft.

Für einen Topf Verhackertes mit ca. 10 l Fassungsvermögen braucht man 8 kg luftgetrockneten Speck.

Luftgetrockneter Speck: Den in Streifen geschnittenen Rückenspeck mit Salz gut einreiben (pro kg Speck mindestens 25 g Salz) und lufttrocknen (früher machte man das im Winter auf dem Dachboden, heute am besten in der Kühlkammer).

Den Speck auf einem Hackstock mit einem großen und schweren Messer möglichst fein hacken (heute wird Verhackertes auch gemahlen – mit einer speziellen Mühle für Verhackertes – oder einfach durch den Fleischwolf getrieben).

Zerkleinerten Speck mit Salz (150–200 g) gut vermischen und luftdicht einstampfen.

Das Verhackerte wird erst kurz vor dem Verzehr mit Salz, Pfeffer und Knoblauch (evtl. auch Kümmel) verfeinert. Man kann es aber auch zum Konservieren verwenden, wie das nächste Rezept zeigt.

Verhackertes schmeckt am besten mit Schwarzbrot.

BAUERNGESELCHTES IN VERHACKERTEM

3 kg Geselchtes (Schopf, Karree oder Schinken mit schöner Fettauflage, aber ohne Schwarte)

4 kg Verhackertes

Das Geselchte in einer geeigneten Form langsam im Backofen bei ca. 160 °C braten, die Hitze darf nicht zu hoch sein (die Kerntemperatur sollte 80 °C betragen).

Einen Schmalztopf oder ein ausreichend großes Steingutgefäß mit einer dicken Lage Verhackertem auslegen. Das gegarte und etwas abgekühlte Fleisch dick und fest mit Verhackertem umwanden (es muss das Fleisch luftdicht abschließen!), dann in den Topf setzen und sorgfältig mit Verhackertem umschließen. In den Kühlraum stellen und vor der ersten Kostprobe mindestens 3 Wochen reifen lassen.

Variante
Statt Verhackertem kann man zum Haltbarmachen von Geselchtem auch Schweineschmalz verwenden.

KÜBELFLEISCH VOM SCHWEINEKARREE „90 °C“

Zutaten für 1 Steingutgefäß (ca. 10–12 l Inhalt)

2 Stück Schweinekarree (à 1,5 kg)

12 Knoblauchzehen

1 kg grobes Meersalz

1 Handvoll Kümmelsamen

4–5 kg Schweineschmalz

Beide Fleischstücke jeweils 12 Mal rundherum einstechen, die Knoblauchzehen schälen, halbieren und jede Tasche mit einer halben Knoblauchzehe füllen. Meersalz mit Kümmel mischen und das Fleisch rundherum damit einreiben. Das Fleisch in eine Schüssel legen und 36 Stunden im Kühlschrank marinieren lassen. Anschließend herausnehmen und sorgfältig mit Küchenpapier trocken tupfen.

Das Fleisch in eine tiefe Kasserolle legen, die kaum größer als die beiden Fleischstücke ist. Zunächst 1 kg Schmalz dazugeben, dann auf den Herd stellen und schmelzen lassen.

Etwa 1 kg Schmalz nachgeben, so dass das Fleisch komplett bedeckt ist. Die Kasserolle zudecken und in den auf 90 °C vorgeheizten Ofen schieben. 3–4 Stunden garen, bis das Fleisch sehr zart und weich ist (Kerntemperatur mindestens 80 °C).

Das Fleisch im Schmalz auskühlen lassen. Wenn das Schmalz etwas abgekühlt ist, dieses durch ein Sieb filtern.

In einen Steinguttopf eine dicke Schicht vom leicht gestockten Schmalz füllen. Beide Fleischstücke dick mit Schmalz ummanteln und in den Topf schichten.

Das Schmalz aus der Kasserolle mit dem restlichen Schweineschmalz vermischen und das Fleisch fest ins Schmalz einbetten (das Fleisch muss luftdicht und 5 cm hoch mit Schmalz bedeckt sein).

Bei 2 °C etwa 2–3 Wochen reifen lassen, dann mit ofenfrischem Bauernbrot servieren.

GEKOCHTER SURSCHOPF IN SCHWEINESCHMALZ

4 Stück Schopfbraten (à ca. 1 kg)

Lake

5 l Wasser
250 g Kochsalz
250 g Pökelsalz
2–3 EL Zucker
12–20 Knoblauchzehen, geschält und mit dem Handrücken angedrückt
12 Lorbeerblätter
2 EL Wacholderbeeren
1–2 EL Pfefferkörner

Das Fleisch in eine Schüssel geben, alle Zutaten für die Lake gut miteinander vermischen und darübergießen – das Fleisch muss vollkommen mit Lake bedeckt sein (bei Bedarf noch weitere Lake herstellen, im entsprechend heruntergerechneten Mischungsverhältnis).

Das Fleisch mit einem Holzbrett und einem schweren Stein darauf beschweren, damit es in der Lake liegt und nicht schwimmt. Danach das Fleisch kühl stellen und 10–14 Tage pökeln (man kann das Fleisch auch bis zu 21 Tage pökeln, dann ist das Aroma intensiver und das Fleisch noch haltbarer).

Das Fleisch sofort nach dem Pökeln in frischem Wasser aufkochen, dann die Hitze zurückdrehen und das Fleisch bei 80–90 °C gar kochen (ca. 2 Stunden).

Anschließend im Backofen bei 60–80 °C nachtrocknen lassen oder auch kurz (2 Stunden) in die Räucherkammer hängen und heiß (bei ca. 70 °C) räuchern.

Das fertige Fleisch auskühlen lassen und in reichlich Verhackertem oder Schweineschmalz luftdicht verschlossen in einen Kübel aus Emaille oder Steingut schichten: Dazu muss man zuerst eine mindestens 3–4 cm dicke Schicht Schmalz in den Kübel füllen, dieses leicht fest werden lassen und beim Einschlichten der Fleischstücke darauf achten, dass sie weder den Rand noch den Boden noch andere Fleischstücke berühren. Dann wieder eine Schicht Schmalz daraufgießen, fest werden lassen und die nächste Schicht Fleisch einfüllen. So fortfahren, bis der Kübel voll ist, mit einer Schicht Schmalz abschließen.

Das Kübelfleisch bei 4–8 °C mindestens 4 Wochen ziehen lassen.

CONFIT & ENCHAUD

Traditionelles Confit wird aus Gänse- und/oder Entenkeulen hergestellt, die früher mit Salz und Salpeter eingelegt und anschließend im eigenen Fett langsam eingekocht wurden. Heute macht man Confit auch aus Kaninchen, Hühnern u. v. m.

GRUNDLEGENDES

Das Confit ist eine der erlesensten französischen Delikatessen und diente früher vor allem dem Haltbarmachen, heute natürlich mehr dem Erhalten des reinen Geschmacks. Traditionell wurden beim Confit Fleischstücke in Fett (meist im eigenen Fett/Schmalz) haltbar gemacht. Außer Fleisch, Fett/Schmalz, Salz und eventuell einer Spur Thymian kam ursprünglich nichts ins Confit. Insbesondere Gänse-, Enten- und Schweinefleisch hat man konfiert, heute nutzt man die Technik auch für andere Produkte, um deren besonderes Aroma zu bewahren. Weiters wird heute nicht immer nur Schmalz zum Konfieren benutzt, auch Olivenöl hat sich als geeignet erwiesen. Es versteht sich von selbst, dass nur Rohstoffe von bester Qualität auch ein ausgezeichnetes Confit ergeben.

KONFIERTES

Grundsätzlich werden bei der Herstellung eines klassischen Confits **zwei Konservierungstechniken** miteinander vereint: Zunächst werden die Fleischteile 24 Stunden gepökelt (dadurch wird eine Fäulnisbildung unterbunden) und dann in Fett langsam stundenlang gegart und so konserviert. Außerdem ist es wichtig, dass die Fleischstücke unter einer 3–4 cm dicken Fettschicht lagern. Anschließend müssen Confits mindestens 3–4 Wochen ruhen, um ihren typischen Geschmack zu entfalten. Auch ohne anschließendes Einkochen im Glas ist so ein Confit kühl gelagert bis zu 6 Monate haltbar und somit eine natürliche Halbkonserve. Bei der Entnahme einzelner Fleischteile ist unbedingt darauf zu achten, dass die restlichen Fleischteile vor dem neuerlichen Lagern wieder vollkommen mit Schmalz bedeckt sind.

Für das Confit das Fleisch in Würfel schneiden.

Alternativ kann man das Confit auch in Gläsern einkochen, was die Haltbarkeit auf den Stand einer Vollkonserve (bis zu 3 Jahre!) verlängert, aber dem Geschmack nicht immer unbedingt dienlich ist.

WICHTIG! Für den Hausgebrauch!

Wenn Sie vorhaben, die hausgemachten Konserven zu verkaufen, dann sollten Sie die im allgemeinen Teil unter „Konservierung und Konservierungstechniken" (siehe ab S. 23) beschriebenen Techniken und Hinweise beachten sowie die landesüblichen Richtlinien im Lebensmittelgesetz einhalten (siehe. Anhang, S. 167). Grundsätzlich sind die beschriebenen Rezepte – so nicht ausdrücklich anders vermerkt – Halbkonserven mit begrenzter Haltbarkeit (ca. 6 Monate) für den Hausgebrauch.

REZEPTE

EINFACHES CONFIT VOM SCHWEINEFLEISCH

Das Rezept ist so einfach, dass es eigentlich gar keine Mengenangaben benötigt. Man muss sich nur an der Größe der Gläser orientieren, gewürzt wird nach Geschmack. Aber es ist ein gutes Rezept, um das Verfahren kennenzulernen und Erfahrungen mit der Technik des Konfierens zu machen.

Zutaten für ca. 3 Gläser mit Schraubverschluss (à mindestens 400 ml)

ca. 1 kg Schweinefleisch von Nacken, Keule oder auch Rücken (ohne Schwarte und Knochen)

2–3 geschälte Knoblauchzehen (auch weniger, wenn man keinen Knoblauch mag)

etwas Enten- oder Schweineschmalz

Meersalz

schwarzer Pfeffer aus der Mühle

Das Fleisch in die passende Größe schneiden, so dass es später gut in 2–3 Gläsern Platz hat. Den Knoblauch in Stifte schneiden und diese in etwas Schmalz hellbraun dünsten. Danach das Fleisch mit einem Messer mehrmals einstechen und die Einschnitte mit gedünsteten Knoblauchzehen spicken.

Das Fleisch rundherum kräftig mit Salz und Pfeffer würzen, dann in die sterilen Gläser geben und jeweils mindestens 2 EL zerlassenes Schmalz dazugeben. Gut verschließen und anschließend 4–5 Stunden bei 98 °C einkochen – am besten geschieht dies in einem Einkochtopf oder Dampfgarer (siehe S. 23–31, verschiedene Arten des Einkochens).

In lauwarmem Wasser auskühlen lassen und anschließend die Dichtheit der Gläser überprüfen.

CONFIT VON GEBRATENEM SCHWEINEFLEISCH

Hier nun die erste Stufe zur Perfektion: Das Fleisch wird zunächst schonend gebraten und anschließend in Gläser oder Dosen eingeweckt.

Zutaten für ca. 5–6 Einkochgläser (à 200 ml)

1 kg Schweinefleisch aus dem Rücken
Salz und Pfeffer aus der Mühle
1 Knoblauchzehe
100 ml Öl
5–6 Lorbeerblätter
5–6 Thymianzweige

Das Fleisch so zurechtschneiden, dass es später gut in die Gläser passt (am besten Würfel in passender Größe), mit Salz und Pfeffer würzen. Die gepresste Knoblauchzehe in etwas Öl dünsten, dann die Fleischwürfel und das restliche Öl dazugeben und rundherum bei milder Hitze langsam braun rösten (aufpassen, dass der Knoblauch nicht verbrennt).

In jedes sterilisierte Glas ein kleines Lorbeerblatt und einen Zweig Thymian legen, dann das Fleisch hineindrücken und mit etwas Knoblauch-Bratöl benetzen, eventuell etwas frisches Schmalz dazugeben.

Die Gläser gut verschließen und in einen Einkochtopf geben. Mit kaltem Wasser bedecken, aufkochen lassen und bei 98–100 °C gut 2 Stunden einkochen. Im Einkochtopf abkühlen lassen.

Überprüfen, ob die Gläser dicht verschlossen sind, dann kühl und trocken lagern.

Anmerkung

Natürlich kann man diese Konserve auch in einem Dampfgarer oder in einem Autoklav (siehe S. 27) einkochen.

Das Fleisch in gleichmäßige Würfel schneiden.

KONFIERTES SCHWEINEFLEISCH („ENCHAUD“)

Unzweifelhaft ist das Enchaud die Krönung des eingemachten Schweinefleisches! Hierbei werden die unterschiedlichen Arbeitsschritte (Marinieren, Braten, Einkochen) so kombiniert, dass die Vorteile jedes Handgriffes zusammenspielen und für ein sensationelles Endergebnis sorgen.

Zutaten für 1 großen Steinguttopf oder 4 Einkochgläser (à 500 ml)

2 kg ausgelöster Schweinerücken
4 EL Thymianblättchen
grobes Meersalz
600–700 g Entenfett (ersatzweise Schweineschmalz)

Am Vorabend das Fleisch in vier Stücke zerteilen (so, dass sie in die Gläser passen), mit Thymian und reichlich grobem Salz einreiben und anschließend zugedeckt im Kühlschrank ziehen lassen.

Am Tag der Zubereitung das Fett erhitzen, das abgewischte (oder kurz abgewaschene und abgetrocknete) Fleisch hineinlegen und 2 Stunden bei milder Hitze köcheln lassen – das Enchaud ist fertig, sobald man mit einem Strohhalm ins Fleisch stechen kann.

Die fertig gegarten Fleischstücke aus dem Fett nehmen und wie folgt weiterverarbeiten:

Möglichkeit 1: Die Fleischstücke in einen sauberen Steinguttopf füllen, das Fett durch ein Sieb darübergießen (wenn das Fleisch nicht mindestens 3 cm hoch von Schmalz bedeckt ist, noch zusätzlich zerlassenes Fett dazugeben). Mit Butterbrotpapier zugedeckt 1–2 Monate im kühlen Keller durchziehen lassen.

Möglichkeit 2: Für eine dauerhafte Konservierung das Fleisch in Einkochgläser füllen, jeweils etwas vom Fett durch ein Sieb gleichmäßig darübergießen, die Gläser verschließen und 1 Stunde bei 98–100 °C einkochen.

Möglichkeit 3: Das Fleisch in Dosen füllen, das Fett durch ein Sieb darübergießen und eine Vollkonserve (siehe allgemeines Kapitel, ab S. 25) herstellen.

„Enchaud“ wird ein Confit genannt, bei dem das Fleisch vor dem Einkochen meist im Backofen vorgegart wird.

Varianten

Das Fleisch vor dem Marinieren zusätzlich mit einigen Knoblauchstiften spicken; statt dem Thymian kann man auch Salbei, Rosmarin oder Kräuter der Provence nehmen.

Serviertipp

Das Enchaud entweder in dünne Scheiben aufschneiden und kalt genießen oder in dickere Scheiben schneiden und kurz in der Pfanne bräunen. Meistens isst man dazu einen Salat (z. B. Löwenzahnsalat mit Nussöl).

SCHWEINE-CONFIT „ENCHAUD“ („LE CONFIT DE PORC LANDAIS – ANCHAUD“)

Dieses Enchaud ist eine Spezialität der französischen Region Landes und besticht durch seinen Wohlgeschmack. Es ist butterzart und wird zumeist in dünne Scheiben aufgeschnitten mit einem Salat aufgetischt.

HINWEIS! Gut gereiftes Fleisch

Unbedingt Schweinefleisch, das mindestens 5 Tage (besser 7 Tage) nach der Schlachtung reifen konnte, verwenden!

große Einkochgläser (so, dass die Fleischstücke gut hineinpassen)
Schweinefleisch vom Rücken, in 1–1,5 kg schweren Stücken
grobes Salz
Pfefferkörner
3–4 Knoblauchzehen pro kg Fleisch
300–400 g Schweineschmalz pro kg Fleisch
1 kleines Kräutersäckchen (Pfeffer, Knoblauchzehen, Thymian, Lorbeer und eventuell auch Rosmarin) pro kg Fleisch

Eine Schüssel mit Salz ausstreuen und das abgewaschene, abgetrocknete Fleisch darauflegen – im Salz wenden.

Das Fleisch rundherum in 5-cm-Abständen mit einem scharfen Messer einstechen und in jede Tasche zuerst 2–3 Pfefferkörner, danach 1/3 Knoblauchzehe stecken. Die Fleischstücke mit Garn binden, damit sie gleichmäßig garen.

Schmalz in einer Kasserolle schmelzen, das Fleisch hineingeben und die Kräutersäckchen hinzufügen. Das Fleisch bei Mittelhitze ca. 1 Stunde garen, dabei den Bratensatz vom Boden immer wieder abkratzen und entfernen – das Fleisch während des Garens immer wieder wenden.

Das Fleisch ist gar, sobald man es leicht mit einer Stricknadel durchstechen kann – es soll nicht gänzlich weich sein, da es ja noch eingekocht wird.

Das Fleisch in Einkochgläser füllen und das Bratfett durch ein Sieb gleichmäßig darüber verteilen – es sollte etwa 2/3 hoch im Glas stehen (wenn nötig, etwas frisches Schmalz dazugeben), das Glas 40–60 Minuten bei 100 °C einkochen (Einkochtopf oder Dampfgarer) und anschließend in lauwarmem Wasser auskühlen lassen. Kühl gelagert hält dieses Confit „Enchaud“ einige Monate.

KONFIERTE HÜHNERMÄGEN („GÉSIERS DE POULET CONFITS“)

Noch eine Delikatesse, die außerhalb von Frankreich so gut wie unbekannt ist, tatsächlich aber sensationell gut schmeckt. *(Rezeptfoto siehe nächste Seite!)*

1 kg ganz frische Hühnermägen
2 Handvoll grobes Meersalz
750 g Gänseschmalz
12 Zweige Thymian
2 Lorbeerblätter
1–3 Knoblauchzehen

Die Hühnermägen von den silbernen Häutchen befreien, halbieren und mit dem Salz vermischt in einer Schüssel über Nacht (mindestens 12 Stunden) im Kühlschrank ziehen lassen. Nach dieser Zeit werden die Mägen leuchtend rot, nun abspülen und abtrocknen.

Das Schmalz in einer Kasserolle erhitzen und die Mägen zusammen mit einigen Thymianzweigen, Lorbeerblättern und geschälten, halbierten Knoblauchzehen hineingeben. Bei möglichst konstanten 75–80 °C gut 2 Stunden (eher 3 Stunden) garen.

Wer perfekt arbeiten will, deckt die Mägen während des Garens mit einer so genannten Cheminée zu (das ist ein aus Butterbrotpapier ausgeschnittener Kreis in der Größe der Kasserolle mit einem kleinen Loch in der Mitte), wodurch sich das Aroma intensiviert.

Die Mägen (ohne Knoblauch und Kräuter) in einen Steinguttopf füllen und das Schmalz durch ein Sieb darübergießen.

So halten die konfierten Mägen im Kühlschrank etwa 3–4 Monate.

Alternativ kann man die Mägen auch in Gläser füllen, gut verschließen und bei 90 °C 1–1,5 Stunden einkochen (dann sollten sie aber nur 2 Stunden gegart worden sein, sonst werden sie zu weich).

Die Haltbarkeit verlängert sich dadurch auf 6–12 Monate.

Die eingesalzenen Hühnermägen 12 Stunden im Kühlschrank ziehen lassen.

Varianten

Variante 1: Die Mägen mit Knoblauch, Fenchel und Kreuzkümmelsamen aromatisieren.
Variante 2: Die Mägen nicht in Schmalz, sondern in Olivenöl mit Knoblauch, Rosmarin und Salbei garen (sie halten allerdings nicht sehr lange, max. 4 Wochen).
Variante 3: Statt der Mägen kann man auch Herzen einkochen.

Konfierte Hühnermägen (Rezept S. 61)

GÄNSE-CONFIT („CONFIT D'OIE")

In bäuerlichen Haushalten in Südfrankreich wurde (und wird bis heute) niemals eine einzelne Gans geschlachtet, sondern immer gleich mehrere – mindestens 5–6 Stück! Diese wurden dann auf eine ganz spezielle Art eingekocht, woraus diese weltberühmte Delikatesse – das einzigartige Confit d'oie – entstanden ist. Und so ist man nicht nur den ganzen Winter über mit dieser Köstlichkeit versorgt, sondern hat auch noch verschiedene Gänseteile für die unterschiedlichsten Rezepturen parat. Allerdings werden nur die Ober- und Unterkeulen, die kleinen Keulen der Flügel sowie die Innereien (zu denen kommen ich später) eingekocht – die Brüstchen werden von den Bauern immer frisch genossen, verkauft oder auch für eine spätere Verwendung gepökelt und geräuchert.

Zutaten für 9–10 Einkochgläser (à 0,75–1 l)

Ober- und Unterkeulen, kleine Keulen der Flügel und Innereien von 3 großen, fetten und fleischigen Freilandgänsen (jeweils mindestens 5–6 kg Gewicht) oder 12 Gänsekeulen

reichlich grobes Meersalz

2–3 kg Gänsefett (abhängig vom Fettgehalt der Gänse, evtl. braucht man mehr)

einige Lorbeerblätter

2–3 TL Thymianblätter oder Bohnenkraut oder Wermutkraut

Die Gänseteile mit grobem Meersalz einreiben und zugedeckt mindestens 24 Stunden ziehen lassen.

Die Gänsekeulen abklopfen (damit das überschüssige Salz abfällt) oder – wenn sie wenig gesalzen sein sollen – auch kalt abspülen und trocknen.

Das Gänsefett in einer großen Kasserolle bei Mittelhitze schmelzen, mit Lorbeerblättern und Thymian (oder Bohnenkraut) aromatisieren. Die Gänseteile darin ganz sanft knapp 1,5 Stunden garen, dann aus dem Fett heben und auskühlen lassen.

Bei verschiedenen Teilen diese sortiert in Einkochgläser füllen oder jeweils 3–4 Keulen in ein größeres Einkochglas

Traditionell wird Confit aus Gänse- oder Entenkeulen hergestellt, aber auch anderes Fleisch eignet sich dafür.

füllen. Mit dem noch heißen Fett auffüllen (durch ein Sieb darübergießen), so dass das Fleisch restlos bedeckt ist – das Fleisch nach unten drücken, so dass es im Fett bleibt.

Die Gläser sorgfältig verschließen und 1 Stunde bei 98–100 °C im Einkochtopf oder im Dampfgarer einkochen. In handwarmem Wasser auskühlen lassen. Vor dem Verzehr einige Wochen reifen lassen.

Vor dem Gebrauch die Gläser an einen warmen Ort stellen, damit das Fett so weich wird, dass man das Fleisch gut entnehmen kann. In einer Pfanne endgültig entfetten und knusprig braten. Das Confit wird mit Löwenzahn- oder Chicoréesalat, mit Braterdäpfeln, mit frischen Erbsen oder Puffbohnen oder auch mit gebratenen Steinpilzen genossen.

Variante
Wenn das Confit innerhalb von 3–6 Monaten verbraucht wird, kann man die Keulen auch einfach in ein Steingutgefäß füllen und mit dem heißen Fett übergießen (es muss mindestens 3 cm hoch über dem Fleisch stehen). Anschließend das Fleisch mit einem Abstandhalter nach unten drücken, damit es vom Fett bedeckt bleibt, und kühl (im Keller oder in der unteren Lade des Kühlschranks) aufbewahren.

Variante
In Frankreich verwendet man für die Herstellung von Gänse-Confit traditionell Salpeter (in der Apotheke erhältlich), weil durch den Salpeter eine Konservierung und Umrötung stattfindet, die das Fleisch gut haltbar macht, und weil Salpeter für ein ganz typisches (aber verfremdendes) Aroma sorgt, das die Franzosen lieben.
Für eine ausgenommene Gans (5–6 kg) 250 g Meersalz und 1,5 g Salpeter mit 125 g Zucker, 1 zerriebenen Nelke, 1 Zweig Thymian und 1 zerkrümelten Lorbeerblatt vermischen. Das Fleisch damit einreiben, 24 Stunden pökeln und anschließend wie oben beschrieben zubereiten.
Allerdings braucht man das Fleisch nach dem Garen nur mit dem gesiebten Fett in ein Steingutgefäß füllen, nach dem Abkühlen dick mit Schweineschmalz und anschließend mit Alufolie abdecken und kühl und trocken lagern – es ist so bis zu 1 Jahr haltbar.

Gänse-Confit

ENTEN-CONFIT („CONFIT DE CANARD“)

Hier ein feines Rezept, wie man eine ganze Ente einkochen kann – sie sollte fleischig sein und genügend Fett haben.

Zutaten für 1–2 große Einkochgläser (à mindestens 1,5 l)

1 schöne große Freilandente (nicht unter 2,5 kg)
1 EL schwarze Pfefferkörner
4–5 Lorbeerblätter
1 Rosmarinzweig (oder 2–3 Gewürznelken)
300 g Meersalz
1 Knoblauchzehe
4–6 Thymianzweige
1 kg Enten- oder Gänsefett

Die Ente in 4 Teile zerlegen, indem man sie zuerst der Länge nach halbiert und die Hälften dann vor dem Schenkel nochmals teilt. Die Teile gut waschen, trocknen und in eine Porzellanschüssel legen.

Pfeffer, Lorbeer und (wenn verwendet) die Gewürznelken in einem Mörser zerstoßen, danach die Gewürze mit dem Salz vermischen. Knoblauch mit etwas Salz zu einer Paste zerdrücken.

Die Ententeile zunächst mit Knoblauchsalz einreiben, danach mit abgerebeltem Thymian und (wenn verwendet) Rosmarinnadeln bestreuen. Danach rundherum mit dem Gewürzsalz bestreuen und zugedeckt 1 Tag im Kühlschrank durchziehen lassen.

Am Tag der Zubereitung das Fett in einem großen Topf bei milder Hitze schmelzen. Die von Salz und Gewürzen gesäuberten Ententeile hineinlegen und im Fett 1,5 Stunden ganz leise köcheln lassen – das Fleisch muss dabei ständig vollkommen von Fett bedeckt sein.

Nach Ende der Garzeit die Ententeile aus dem Fett nehmen und das Fleisch in möglichst großen Stücken von den Knochen lösen. Die Fleischstücke in die sterilen Gläser füllen und das heiße Schmalz durch ein Sieb darübergießen. Das Fett absetzen lassen und durch Schütteln die Hohlräume zwischen dem Fleisch füllen. Danach die Gläser gut verschließen.

Im Kühlschrank hält sich dieses Confit auf diese Art zubereitet einige Wochen.

Varianten

Variante 1: Die Gläser 1 Stunde im Dampfgarer bei 100 °C dämpfen oder 1 Stunde im Einkochtopf einkochen. So hält sich das Confit ungeöffnet und kühl gelagert mindestens 12 Monate.
Variante 2: Das so genannte „Weihnachtsconfit“ der Franzosen wird mit Sternanis, Zimt und Muskatblüten gewürzt (Gewürze werden zusammen mit den Keulen eingekocht).

Serviertipp

Vor dem Verzehr das Confit warm werden lassen, bis das Fett so weich ist, dass man das Fleisch leicht entnehmen kann. Verwendet werden nur die Fleischteile mit dem gelierten Saft. Die Ententeile scharf anbraten und mit Braterdäpfeln oder Blattsalat auftischen. Man kann es auch für Eintöpfe (z. B. Cassoulet) verwenden.

Thymian ist ein häufig verwendetes Gewürz beim Einkochen von Fleisch.

Rillettes de Tours (Rezept S. 72)

RILLETTES, POTTSUSE & SCHMALZFLEISCH

GRUNDLEGENDES ÜBER RILLETTES

Meines Erachtens gehören die Rillettes – ein spezieller Brotaufstrich aus im eigenen Saft und Fett gekochtem Fleisch, das so feinfaserig zerkocht ist, dass man es aufs Brot streichen kann – zu den feinsten Delikatessen der Welt, denn das nur zart gewürzte, langsam gekochte Fleisch entfaltet im eigenen Schmalz ein unvergleichlich „sauberes" und natürliches Fleischaroma, wie man es heute leider nur mehr selten schmecken kann. Das Schmalz konserviert das Aroma, verstärkt es zugleich, und obendrein ist das Fleisch darin gut konserviert.

Typisch für Rillettes ist die raue Fleischstruktur, welche einen wunderbaren Kontrast zum weichen, umgebenden Schmalz ergibt. Der Fettgehalt von echten Rillettes beträgt mindestens 20 % und sollte maximal 50 % betragen (mehr Fett sollten Rillettes nicht haben, weil ihnen dann wieder die typische raue Stilistik fehlt).

Rillettes werden in Frankreich seit dem Spätmittelalter erzeugt. Die französische Region Touraine (an der Loire gelegen) gilt als die Heimat dieser Spezialität, aber auch die benachbarte Region Le Mans beansprucht für sich, ein Zentrum der Rillette-Produktion zu sein – Rillettes aus Touraine sind fleischiger, die aus Le Mans fettreicher. In beiden Fällen ist nur vom Schwein die Rede, aber im Süden Frankreichs hat man sich darauf spezialisiert, Rillettes von Enten und Gänsen einzukochen (absolut vorzüglich!), in anderen Teilen Frankreichs macht man auch aus Wildschwein (sehr gut) und anderen Wildtieren Rillettes, doch diese sind mitunter als moderne „Kunstprodukte" anzusehen, weil viele Wildtiere einfach nicht genügend Fettanteil haben, um ihr Fleisch im eigenen Fett zu garen, wie es für Rillettes gewünscht und auch geschmacklich erforderlich ist. So ist auch bei Gänsen und Enten darauf zu achten, dass man die Rillettes nicht aus irgendwelchen „Mager-Weidegänsen" kocht, sondern aus fetten, gut genährten Tieren.

HINWEIS! Fett

Das Fett ist übrigens nicht nur entscheidend für den Geschmack, sondern auch für die Haltbarkeit: Frisch zubereitete Rillettes mit wenig Fett sind etwa 4 Wochen haltbar, mit hohem Fettanteil kann man sie zwischen 2 und sogar 6 Monaten aufbewahren. Eingekocht (30 Minuten bei 120 °C) sind sie gut 1 Jahr haltbar.

In letzter Zeit werden auch Rillettes von Lachs, Thunfisch und Räucherfisch angeboten, doch diese haben – außer der rauen Konsistenz – nichts mit den echten Rillettes gemeinsam.

Übrigens: Rillettes gelten in Frankreich im Vergleich zu den Pâtés (ab S. 89) als die „noblere“ Konserve, weil sie nur aus bestem Fleisch, Fett, Wein und Gewürzen hergestellt werden. Pâtés hingegen können auch aus kleineren Fleischstücken und/oder minderwertigerem Fleisch, Innereien, Eiern und allerlei sonstigen Zutaten bestehen. Ich teile diese Ansicht nicht, weil Pâtés für mich ebenfalls einzigartige Delikatessen darstellen, wenn sie sorgfältig aus besten Zutaten hergestellt wurden – lassen Sie sich überraschen.

GRUNDLEGENDES ÜBER POTTSUSE

Das deutsche Pendant zu den Rillettes ist die aus dem Osten Deutschlands stammende Rezeptur für Pottsuse, wenngleich Sie sehen werden, dass die Würze und die geschmackliche Ausrichtung deutliche Unterschiede aufweisen (die Pottsuse wird bedeutend intensiver mit Kräutern und Gewürzen abgeschmeckt), was ja bei regionaltypischen Rezepten immer der Fall sein sollte.

In England kennt man das so genannte Potted Chicken, eine Art Rillette vom Huhn (oder gemischtem Geflügel), das aber zumeist frisch genossen wird und nur über eine begrenzte Haltbarkeit verfügt.

GRUNDLEGENDES ÜBER SCHMALZFLEISCH

Schließlich behandelt dieses Kapitel auch noch das so genannte Schmalzfleisch, welches küchentechnisch ähnlich wie Rillette und Pottsuse hergestellt wird, aber eigentlich schon den Übergang zum Kapitel „Wurst im Glas“ (ab S. 107) bildet. Schmalzfleisch hat den Vorteil, dass man verschiedene Fleischsorten gut miteinander kombinieren kann. Außerdem verfügt es über eine sehr gute Haltbarkeit, weil der Fettanteil hoch ist und Schmalzfleisch zudem eingekocht wird. In Dosen als Vollkonserve eingekocht ist Schmalzfleisch jahrelang haltbar.

RILLETTES

Rillettes werden selten (eigentlich so gut wie nie) als eigenständige Speise aufgetischt, sondern dienen in kleinen Portionen genossen als Imbiss zum Aperitif oder zum Veredeln von Gemüse- und Salatgerichten. In diesen homöopathischen Dosen genossen, braucht man auch keine Angst bezüglich des Fettgehalts zu haben (der Schmalzanteil beträgt in den meisten Fällen ohnehin nur 20 %).

Herstellung von Rillettes

Fleisch in Würfel schneiden und mit …

… kleinwürfelig geschnittenem Speck in eine Bratform geben.

Gewürze und Wein zugeben.

Bratform zugedeckt bei 120–140 °C in den Ofen stellen.

Nach 4–6 Std. Garzeit Fleisch abseihen und zerdrücken.

Gläser (oder Terrinenform) befetten.

Rillettes einfüllen und mit erwärmtem Bratensaft begießen.

Mit dem restlichen Bratenfett bestreichen.

Deckel auflegen und über Nacht in den Kühlschrank stellen.

REZEPTE

RILLETTES DE TOURS

(für den alsbaldigen Verbrauch; Bild S. 68)

Der Klassiker unter den Rillettes, der in Tours und Umgebung frisch beim Fleischer erhältlich ist. Gut gekühlt halten diese Rillettes nur 2–4 Wochen, aber sie schmecken unvergleichlich gut! Ihr Vorteil ist, dass sie relativ „mager" sind, der Nachteil ist die begrenzte Haltbarkeit.

Zutaten für eine Terrinenform (1,2–1,5 l Fassungsvermögen)

1,25 kg magerer Schweinebauch (ohne Schwarte und Knochen)
250 g roher Schweinerückenspeck (ohne Schwarte)
8–10 Wacholderbeeren
12 schwarze Pfefferkörner
2–3 Knoblauchzehen, geschält und zerdrückt
1 EL frischer Thymian, fein gehackt
½ TL Muskatblüte (Macis), gemahlen
1 gehäufter TL Salz (vorzugsweise Meersalz)
125–200 ml trockener Weißwein (vorzugsweise Vouvray oder Riesling)
Salz und Pfeffer aus der Mühle
Schweineschmalz zum Einfetten der Form

Mit einem großen und schweren Messer das Schweinefleisch in 1 x 2 cm kleine Stücke schneiden. Die Fleischwürfel in eine Schüssel legen und den kleinwürfelig geschnittenen Speck dazugeben.

Wacholder und Pfefferkörner im Mörser zerdrücken und zusammen mit Knoblauch, Thymian, Muskatblüte und Salz zum Fleisch geben. Schließlich noch den Wein angießen und gut vermischt in einen Römertopf oder einen Schmortopf mit Deckel füllen.

Den Topf in den auf 120–140 °C vorgeheizten Ofen schieben (mittlere Schiene) und dort 4–6 Stunden garen lassen. Nach 4 Stunden die Konsistenz überprüfen (das Fleisch muss so weich sein, dass es fast von allein zerfällt) und nach Geschmack noch Salz und Pfeffer dazugeben.

Den Inhalt des Topfes durch ein großes Sieb seihen und das Fleisch mit einem Schöpflöffel ausdrücken (Saft auffangen). Den Bratensaft in den Kühlschrank stellen, damit sich das Fett oben absetzen kann.

In der Zwischenzeit das Fleisch mit zwei Gabeln in feine Fäden zerreißen; man kann das Fleisch auch mit dem Holzlöffel in Fasern verrühren.

Das Fleisch in eine mit Schmalz eingestrichene Terrinenform (oder auch in Gläser) füllen.

Die Schüssel mit Bratensaft und Fett aus dem Kühlschrank nehmen und das oben aufliegende Fett abheben. Den darunter befindlichen ausgelierten Saft zusammen mit 2 EL Fett in einen Topf geben, auf dem Herd schmelzen lassen und über das Fleisch gießen. Das restliche Fett weich werden lassen und die Rillettes 3 cm dick damit bestreichen. Den Deckel auflegen und die Terrine über Nacht in den Kühlschrank stellen.

Am nächsten Tag sind die Rillettes verzehrfertig und werden mit im restlichen Fett knusprig gebratenen Baguettescheiben zu Wein genossen.

Anmerkung
Man kann auch 900 g mageren Schweinebauch und 350 g gekochten Schinken oder Beinschinken (gepökelten, geräucherten und anschließend gekochten Schinken) nehmen.

RILLETTES DE TOURAINE

Hier nun ein ganz puristisches Rezept, das aber nur dann vollendet schmeckt, wenn man Fleisch bester Qualität dafür verwendet. Weil das „noble" Gericht aus edlen Teilen (Filet oder Karree) hergestellt wird, ist es eine feine Delikatesse.

500 g roher Schweinerückenspeck (ohne Schwarte)
2 kg Schweinefilet oder Schweinekarree
Meersalz
Pfeffer aus der Mühle
1 Knoblauchzehe
500 ml trockener Riesling (in Frankreich wird Vouvray verwendet)

Einen Schmortopf mit dickem Boden aufsetzen und den kleinwürfelig geschnittenen Schweinerückenspeck darin bei niedriger Hitze schmelzen lassen.

Zwischenzeitlich das Fleisch in 2 cm große Würfel schneiden. Danach das Fleisch im ausgelassenen Fett (man kann die Grammeln ruhig drinnen lassen) langsam rundherum bräunen und anschließend kräftig mit Salz und Pfeffer würzen.

Eine zerdrückte Knoblauchzehe und den Wein dazugeben, Deckel auflegen und langsam ca. 4 Stunden schmoren lassen. Dabei immer wieder kräftig mit dem Holzlöffel rühren, damit das Fleisch mit der Zeit zerfällt und sich mit dem Fett verbindet. Zum Schluss die Fleischmasse mit Salz und Pfeffer abschmecken und abgekühlt in eine Terrinenform mit Deckel füllen.

Vor Gebrauch 2 Tage durchziehen lassen (ist im Kühlschrank ca. 2 Wochen haltbar).

Variante
Für eine längere Haltbarkeit (ca. 12 Monate) die Rillettes nur 3 Stunden schmoren lassen und das Fleisch anschließend mit zwei Gabeln zerreißen, die Masse abschmecken und in Einkochgläser füllen, dann 30 Minuten bei 120 °C bzw. 45–60 Minuten bei 100 °C einkochen.

Zu Rillettes reicht man Brot oder Knabbergebäck, Paprikaschoten, Essiggurken, Oliven und Wein sowie Senf, Pfeffer und Fleur de Sel zum Nachwürzen.

BRAUNE SCHWEINEFLEISCH-MARMELADE („BRUNE CONFITURE DE COCHON")

Im Gegensatz zu vielen der oben angeführten Rezepte werden diese Rillettes zunächst angebraten und auf dem Herd fertig gegart, auch gewürzt werden sie anders. Der Name bezieht sich auf die dunkle Farbe dieser Rillettes.

Zutaten für 1 Terrinenform (ca. 1,5 l Fassungsvermögen)

1 kg Schweinefleisch vom Bauch (ohne Schwarte und Knochen)
500 g Schweinerückenspeck (ohne Schwarte)
3 Schalotten, geschält
2–3 Knoblauchzehen, geschält
2–3 Zweige Thymian
2 Lorbeerblätter
4–6 Gewürznelken
150–200 trockener Riesling (oder Wasser oder Fleischbrühe)
1 EL Meersalz
1 TL 5-Gewürze-Pulver
schwarzer Pfeffer aus der Mühle

Das Fleisch in 2 cm große Würfel schneiden, den Schweinerückenspeck sehr fein hacken.

Den Speck in einem Schmortopf bei milder Hitze schmelzen, dann die Fleischwürfel darin rundherum anbraten. Das angebratene Fleisch herausnehmen, das Bratfett durch ein Sieb seihen und beiseitestellen.

Schalotten, Knoblauch und Thymian sehr fein hacken und mit zerkrümelten Lorbeerblättern sowie den angestoßenen Gewürznelken in ein Stück Gazetuch wickeln.

Das angebräunte Fleisch wieder in den Schmortopf geben und den Gazebeutel hinzugeben. Mit Wein (bzw. Wasser oder Fleischbrühe) aufgießen, einen Deckel (leicht geöffnet) auflegen und das Fleisch 5 Stunden bei geringer Hitze unter ständigem Umrühren mit einem Holzlöffel garen – bei Bedarf etwas Wein oder Wasser nachgeben. Das Fleisch darf dabei niemals aufkochen! Nach 5 Stunden sollte das Fleisch sehr zart, aber nicht matschig sein.

Den Gewürzbeutel entfernen und das Fleisch mit Salz, 5-Gewürze-Pulver und Pfeffer abschmecken, 30 Minuten garen.

Dann den Topf vom Herd nehmen, das Fett abgießen und das Fleisch mithilfe von zwei Gabeln zerreißen. Das vorher abgegossene Fett dazugeben und gut untermischen. Alles in eine saubere Terrine füllen und zugedeckt 3 Tage ziehen lassen.

Die Rillettes halten mindestens 2 Wochen im Kühlschrank und schmecken am besten mit ofenfrischem Bauernbrot und Wein.

KANINCHEN-RILLETTES („RILLETTES D'ORLÉANS")

Dieses wunderbare Gericht kennt man auch unter „Fasskaninchen mit Weißwein" und sollte – um den feinen Geschmack des Kaninchens nicht zu zerstören – nicht eingekocht, sondern innerhalb von 2–3 Wochen verzehrt werden. Wenn man nach Entnahme einer Portion die verbleibenden Rillettes immer wieder dick mit Schmalz zuschmiert, sind sie im Kühlschrank gut 2–3 Monate haltbar.

1,25 kg Schweinebauch (ohne Schwarte und Knochen)
100 g grobes Meersalz
½–1 TL Rosmarinnadeln (oder auch etwas Thymian), gehackt
1 großes Hauskaninchen, küchenfertig vorbereitet
600 g frischer Flomen
400 ml trockener Weißwein (oder Prosecco)
feines Meersalz und Pfeffer aus der Mühle

Am Vortag den Schweinebauch in 3–4 cm große Würfel schneiden, mit dem groben Meersalz und dem Rosmarin einreiben, danach über Nacht im Kühlschrank marinieren lassen.

Am nächsten Tag das Kaninchenfleisch von Knochen und Sehnen befreien, dann in kleine Würfel schneiden. Die marinierten Schweinefleischwürfel gut abwischen oder kalt abspülen und abtrocknen.

Den Flomen von eventuell vorhandenen Sehnen befreien, fein hacken, bei milder Hitze in einem Schmortopf zusammen mit 1 l Wasser erhitzen und schmelzen lassen.

Kaninchen, Schweinefleisch und gut 2/3 vom Wein dazugeben, knapp 3 Stunden schwach köcheln lassen und dabei immer wieder umrühren.

Die fertigen Rillettes mit Salz, Pfeffer und einem Schuss Weißwein würzen, noch etwa 20–30 Minuten ziehen lassen, danach mit zwei Gabeln zerreißen und mit dem Kochfond vermischen. Nochmals abschmecken, etwas auskühlen lassen und anschließend in eine saubere Terrinen- oder Steingutform füllen.

Gänzlich auskühlen lassen, dabei bildet sich auf der Oberfläche eine Fettschicht, die als Konservierung dient. Ist diese

Fettschicht zu dünn (sie sollte mindestens 3 cm dick sein), muss man etwas frisches Schmalz darauf verstreichen. Vor dem Verzehr 1–2 Tage im Kühlschrank durchziehen lassen. Diese Rillettes halten sich etwa 2–3 Wochen im Kühlschrank.

RILLETTES VOM MANGALITZA-SCHWEIN

Lange Zeit war das aus der pannonischen Region stammende Mangalitza-Schwein für viele Bauern und Fleischer das perfekte „Wurstschwein", gab es doch viel Rückenspeck und aromatisches Fleisch. Heute ist diese alte Hausschweinrasse leider etwas in Vergessenheit geraten. Aus dem Fleisch des Mangalitza-Schweins kann man sensationelle Rillettes zubereiten. Weil das Fleisch sehr dunkel ist, enthält dieses Rezept ausnahmsweise etwas Nitritpökelsalz, um das Umröten zu verstärken.

2 kg Bauchfleisch vom Mangalitza (ohne Schwarte, mit Knochen)
2 kg Schulter vom Mangalitza (ohne Schwarte, mit Knochen)
350 g grobes Ausseer Ursalz oder Karpatensalz
1 großer EL Nitritpökelsalz
24 Knoblauchzehen
1 EL edelsüßes Paprikapulver
1 EL rosenscharfes Paprikapulver
1–2 EL Kümmelsamen, frisch im Mörser zerstoßen oder geschrotet
1–2 EL Majoran, gerebelt
6 Zwiebeln
2–3 Karotten
2 kg Rückenspeck vom Mangalitza (ohne Schwarte)
3–4 EL Tomatenmark (dreifach konzentriert)
1 l trockener Weißwein (z. B. Welschriesling)
feines Ausseer Ursalz nach Geschmack
40–50 g weißer Pfeffer aus der Mühle

Das Fleisch in 5 cm große Würfel schneiden, das grobe Salz mit dem Nitritpökelsalz vermischen, diese Mischung sorgfältig in das Fleisch einmassieren.

Die Hälfte der Knoblauchzehen schälen und halbieren, Paprikapulver, Kümmel und Majoran zum Fleisch geben, gut vermischen und 24–36 Stunden kühl marinieren lassen.

Die Zwiebeln, den restlichen Knoblauch und die Karotten schälen bzw. putzen und möglichst fein schneiden. Den Rückenspeck klein schneiden und in einer großen Kasserolle schmelzen lassen.

Das Fleisch von den Gewürzen befreien und sorgfältig abwischen (Gewürzreste wenn nötig unter kaltem Wasser abspülen, Fleisch danach trocken tupfen).

Das Fleisch zusammen mit Zwiebeln, Knoblauch und Karotten in das geschmolzene Fett geben und darin bei niedriger Hitze (unter 80 °C) 3,5–4 Stunden garen, dabei öfters umrühren.

Nach 2 Stunden auch das Tomatenmark und den Wein hinzugeben. Sobald das Fleisch faserig zu werden beginnt und nahezu von selbst zerfällt, nach Geschmack salzen und pfeffern (eventuell auch noch etwas Majoran, Kümmel und Paprika dazugeben).

Das Fleisch noch weitere 30–60 Minuten köcheln lassen, dann mit Hilfe von zwei Gabeln zerreißen und mit dem Kochfond vermischen. Ist die Masse zu trocken, etwas Fleischbrühe oder noch etwas Wein dazugeben.

Die Rillettes in Einkochgläser füllen (Gummidichtung und Metallbügel beim Verschließen nicht vergessen) und etwas abkühlen lassen, dann 1 Stunde bei 100 °C oder 30 Minuten bei 120 °C einkochen. Diese Rillettes halten sich kühl gelagert mehrere Monate.

WICHTIG! Köcheln, nicht kochen

Diese Rillettes dürfen nicht anbraten, sondern nur langsam köcheln!

Rillettes vom Mangalitza-Schwein

WILDSCHWEIN-RILLETTES MIT PORTWEIN

Auch aus Wildbret lassen sich Rillettes zubereiten, doch diese müssen aufgrund des geringen Eigenfettes mit Schweinefett versetzt werden. Aus diesem Grund ist Wildbret nicht optimal für Rillettes geeignet. Dennoch folgt hier – der Vollständigkeit halber – ein Beispielrezept mit Fleisch vom Wildschwein, das noch am besten mit Schweinefleisch kombinierbar ist und daher schmackhafte Rillettes ergibt.

Zutaten für ca. 30 Gläser (à 200 ml)

2 kg durchwachsenes Wildschweinfleisch von Schulter, Schopf oder Schlögel (ohne Schwarte und Knochen)
4 kg Fleisch vom Schweinebauch (ohne Schwarte und Knochen)
400 ml guter roter Portwein (oder 200 ml Gin und 200 ml Fleischbrühe)
2 Zwiebeln
5–6 Gewürznelken
einige Wacholderbeeren
4–5 Lorbeerblätter
90–100 g Salz
18–20 g Pfeffer aus der Mühle

Das Fleisch in 5 cm große Würfel schneiden, zusammen mit Portwein, gehackten Zwiebeln, Gewürznelken, Wacholderbeeren und Lorbeerblättern in eine Kasserolle füllen. Auf den Herd stellen, langsam erhitzen und anschließend bei niedrigster Hitze 3–3,5 Stunden garen, bis alles sehr weich ist.

Lorbeerblätter und Wacholderbeeren entfernen, die vorgesehene Menge an Salz und Pfeffer dazugeben, das weiche Fleisch mit zwei Gabeln in Stücke reißen oder auch alles im Mixer zerkleinern, eventuell noch einen Schuss Portwein dazugeben. Die noch warme Fleischmasse in Einkochgläser füllen, diese gut verschließen und 1 Stunde bei 100 °C einkochen.

Hält mehr als 6 Monate im Kühlschrank.

Variante

In Frankreich kennt man auch noch einfachere Rezepte für Rillettes mit Wildfleisch, für die Brust- oder Keulenstücke verwendet werden (Hase, Reh, Hirsch oder auch Fasan). Für diese Rillettes einfach 1,25 kg in kleine Würfel geschnittenes Wildfleisch in 2 kg Schweineschmalz und etwas Wasser oder Wein unter Zugabe von 2 Lorbeerblättern bei milder Hitze 3 Stunden weich garen (s. o.), dann zerkleinern und mit dem Bratfett vermischen, mit Salz und Pfeffer kräftig würzen, anschließend in Gläser abfüllen und wie oben beschrieben einkochen.

Wildschwein-Rillettes vor dem Garen

GÄNSE-RILLETTES („RILLETTES D'OIE")

12 Gänsekeulen (ohne Haut)
2 Handvoll grobes Meersalz
12 Zweige Thymian (oder Bergbohnenkraut)
12 Lorbeerblätter
1 l Hühnersuppe
1 kg Gänsefett
Salz und Pfeffer aus der Mühle

Das Gänsefleisch mit Salz einreiben, danach zusammen mit Thymian und Lorbeer in eine Schüssel legen und über Nacht marinieren lassen. Am nächsten Tag das Fleisch abspülen und trocken tupfen.

Die Keulen zusammen mit Hühnersuppe und klein geschnittenem Gänsefett in eine Kasserolle geben, sanft erhitzen, einen Deckel auflegen und bei 140–150 °C 6 Stunden im Backofen garen, bis das Fleisch ganz weich ist.

Das Fleisch leicht abkühlen lassen, dann von den Knochen lösen und den Kochfond durch ein Sieb darübergießen. Mit Salz und Pfeffer würzen, in Einkochgläser füllen, gut verschließen und 1 Stunde bei 98 °C einkochen lassen.

Anmerkung
Für eine bessere Konsistenz und Haltbarkeit 50 % Gänsefett und 50 % Schweineschmalz nehmen (auch andere Mischungen mit weniger Schweineschmalzanteil sind möglich).

Variante
Ich mag Gänse-Rillettes am liebsten, wenn sie nur zart gewürzt sind, man kann aber auch Wacholderbeeren, Zwiebeln, Sellerieknolle u. v. m. dazugeben. Eine besonders feine Variante erhält man, wenn man 15–30 Minuten vor Ende der Garzeit 100–200 ml Trüffelsaft (aus der Dose) hinzugibt (die Menge ist nach gewünschter Aromaintensität variierbar).

Gänse-Rillettes

GÄNSE-RILLETTES NACH LANDES-ART („RILLETTES D'OIE LANDAISES")

Die Region Landes gehört zur Gascogne, diese ursprüngliche Landschaft im Südwesten Frankreichs ist berühmt für ihre Gänse und ihre deftigen Spezialitäten. Von hier stammt ein sensationelles Rezept für Gänse-Rillettes, deren Besonderheit die Mischung aus Gänse- und Schweinefleisch ist und die ihren herrlichen Geschmack dem großzügig verwendeten Armagnac verdanken.

2 kg Gänsefleisch
1 kg Schweinebauch (ohne Schwarte und Knochen)
1 kg Schweinebrust (ohne Schwarte und Knochen)
1 kg mageres Schweinefleisch (Filet, Karree oder Schlögel)
1,2 kg Schweineschmalz
4 große rote Zwiebeln
20 Schalotten
6–8 Lorbeerblätter
1 Bund Thymianzweige
grobes Meersalz
schwarzer Pfeffer aus der Mühle
100–150 ml Armagnac

Die Haut vom Gänsefleisch abziehen und in große Stücke schneiden, das Gänsefleisch grob hacken oder würfeln. Das Bauch-, Brust- und magere Fleisch vom Schwein ebenfalls grob hacken.

Zunächst wenig Schmalz erhitzen und die Gänsehaut darin auf Mittelhitze auslassen, bis sie nahezu fettfrei und knusprig ist – die Haut herausnehmen, salzen und genießen!

Nun das grob gehackte Fleisch von Schweinebauch und -brust dazugeben und bei milder Hitze bräunen, dann auch das magere Schweinefleisch im Fett bräunen. Schließlich das Gänsefleisch und das restliche Schmalz hinzufügen.

Zwiebeln und Schalotten schälen und im Ganzen zum Fleisch dazugeben, dann auch Lorbeer und Thymian hinzufügen. Zugedeckt bei ganz geringer Hitze 5–6 Stunden garen, dabei immer wieder vorsichtig umrühren. 30 Minuten vor Ende der Garzeit eine gute Prise grobes Salz, eine kräftige Portion Pfeffer und Armagnac hinzufügen.

Die fertigen Rillettes abkühlen lassen, vorher Lorbeerblätter, Thymianzweige, Zwiebeln und Schalotten entfernen.

Das Fleisch mit zwei Gabeln zerreißen, mit dem Schmorfett vermischt in einen Steinguttopf (in der Gascogne gibt es spezielle Töpfe mit Deckel) füllen und gänzlich auskühlen lassen. Darauf achten, dass die Rillettes dick mit Fett bedeckt sind, dann entweder mit einem Deckel oder mit kräftig mit Olivenöl eingefettetem Backpapier (kreisrund in der Form des Topfes ausgeschnitten) abdecken.

Im Kühlhaus bei 2–4 °C und lichtgeschützt sind diese Rillettes fast 1 Jahr haltbar.

Man kann Gänse-Rillettes natürlich auch in Gläser füllen; vor dem Verschließen ebenfalls mit einer Fettschicht bedecken!

Anmerkung

Bei portionsweiser Entnahme immer penibel darauf achten, dass die Oberfläche der restlichen Masse glatt ist und das Fleisch mit mindestens 3 cm Fett bedeckt ist.

ENTEN-RILLETTES („RILLETTS DE CANARD")

12 Entenkeulen à ca. 300 g
250 g Gänse- oder Entenfett
300 g Zwiebeln
2 zerdrückte Knoblauchzehen
1 Bund Thymian
3–4 Lorbeerblätter
6–8 Wacholderbeeren
300–400 ml Entenbrühe (ersatzweise leicht gesalzene Hühnerbrühe)
250 ml Cognac
evtl. zusätzliches Enten- oder Gänseschmalz zum Auffüllen
Salz und Pfeffer aus der Mühle

Von den Entenkeulen die Haut abziehen. Gänse- oder Entenfett in einem gusseisernen Bräter bei milder Hitze zusammen mit der Haut schmelzen lassen; ist die Haut kross, wird sie herausgenommen und mit Salz genossen.

Nun die Keulen zusammen mit gehacktem Zwiebel, Knoblauch, Thymian, Lorbeer, Wacholder, Entenbrühe (bzw. Hühnerbrühe) und Cognac in den Bräter zum Fett geben und zugedeckt bei niedriger Hitze 4–5 Stunden köcheln (nicht braten!) lassen, bei Bedarf Brühe oder Wasser nachgeben. Hin und wieder umrühren.

Alles durch ein grobes Sieb abseihen und die Flüssigkeit auffangen. Knochen und Kräuter/Gewürze entfernen. Das Fleisch mit zwei Gabeln zerreißen und zusammen mit dem aufgefangenen Kochfond verrühren (ist die Masse zu trocken, etwas Enten- oder Gänseschmalz dazugeben).

Mit Salz und Pfeffer abschmecken.

Sollen die Rillettes innerhalb von 3–4 Wochen gegessen werden, füllt man sie in eine saubere Terrine, drückt alles gut in die Terrine (damit keine Luft eingeschlossen ist) und lagert sie zugedeckt im Kühlschrank.

Alternativ kann man die Rillettes sehr heiß in Einkoch- oder Schraubverschlussgläser füllen, gut festdrücken, darauf achten, dass das Fleisch mit einer dicken Fettschicht bedeckt ist – falls nötig, etwas heißes Gänseschmalz auf die Rillettes gießen.

Gut verschließen und kühl (2–4 °C) lagern – so halten sie ca. 6 Monate.

Geschmacksvariante

Ente harmoniert wunderbar mit Cognac, der hier für eine besondere geschmackliche Note sorgt.

RILLETTES VOM RIND

Zutaten für ca. 35 Gläser (à 350 ml)

4 kg Ochsenschwanz (mit Knochen) oder 3 kg Fleisch von der Wade oder Rinderwangen
2,5 kg Schweinerückenspeck, faschiert oder klein gewürfelt
2 kg Zwiebeln
1 Handvoll Knoblauchzehen
1,5 l Rindsknochensuppe (keine Marksuppe!); bei Bedarf etwas mehr
etwas guter Weinessig
3–4 Lorbeerblätter
3 EL Kümmel, grob gemahlen
2–3 EL Thymian (oder Majoran)
6 EL Paprikapaste (pikant)
400 g Polpa di pomodoro (Tomatenpüree)
Salz (und evtl. Pfeffer)

Den Ochsenschwanz zerteilen bzw. das Rindfleisch würfelig schneiden.

Den Rückenspeck in einer Kasserolle bei milder Hitze auslassen, dann die gehackten Zwiebeln und Knoblauchzehen dazugeben und hell dünsten.

Den Ochsenschwanz bzw. das gewürfelte Rindfleisch hinzufügen, mit Suppe aufgießen, Essig, Lorbeer, Kümmel, Thymian oder Majoran, Paprikapaste und Tomatenpüree hinzugeben, gut vermengen, Deckel auflegen und 4–5 Stunden im 150 °C heißen Ofen schmoren, bis das Fleisch so weich ist, dass es vom Knochen fällt (oder fast von selbst zerfällt); bei Bedarf etwas Suppe nachgeben.

Die Kasserolle aus dem Ofen nehmen, den Knochen entfernen und das Fleisch mit Hilfe von zwei Gabeln zerreißen und mit dem Bratenfond verrühren – ist die Masse zu trocken, etwas Suppe einrühren.

Alles noch einmal aufkochen lassen, mit Salz (und eventuell auch Pfeffer) abschmecken.

Die Masse heiß in sterile Schraubverschlussgläser füllen, erkalten lassen und innerhalb von wenigen Wochen verbrauchen.

Variante

Zum Einkochen die fertigen Rillettes in Gläser füllen und 1 Stunde bei 100 °C einkochen.

Ochsenschwanz oder Rindfleisch von der Wade ergeben ebenfalls vorzügliche Rillettes.

POTTSUSE

Pottsuse ist das ostdeutsche Pendant zu den Rillettes und unterscheidet sich von diesen im Wesentlichen durch drei Punkte:

1. Es wird bedeutend intensiver gewürzt.
2. Es werden immer verschiedene Fleischteile vom Schwein kombiniert.
3. Die Masse ist etwas grober, weil das gegarte Fleisch nicht zerrissen wird.

HARZER POTTSUSE

1,5 kg frischer Schweinebauch (ohne Schwarte und Knochen)
750 g eher fetter Schweinenacken
500 ml kräftige Brühe (am besten Schweineknochenbrühe)
3–4 Zwiebeln
3–4 Lorbeerblätter
2 Knoblauchzehen
¼–½ TL Piment, frisch gemahlen
1–2 TL Kümmel, frisch im Mörser zerstoßen oder gemahlen
Pfeffer aus der Mühle
Salz

Das Fleisch in 2–3 cm große Würfel schneiden und mit Brühe, geschälten und halbierten Zwiebeln, Lorbeerblättern, geschältem und zerdrücktem Knoblauch, Piment sowie Kümmel in einen großen Schmortopf füllen.

Auf kleiner Flamme langsam köcheln, bis alles eine hellbräunliche Färbung bekommt – das dauert etwa 3–4 Stunden.

Vom Herd nehmen, pfeffern und salzen, mit einem Holzlöffel kräftig verrühren, so dass das Fleisch grob zerfällt, und schließlich in Gläser füllen und erkalten lassen.

Wenn das Fleisch nicht mit einer dicken Schicht Schmalz bedeckt ist, etwas zerlassenes Schweineschmalz daraufgeben.

So ist die Pottsuse im Kühlschrank gut 4 Wochen haltbar. Dazu isst man Brötchen und Senfgurken.

Wenn man die Masse heiß in Gläser füllt, die Gläser verschließt und auskühlen lässt, ist die Pottsuse 8–12 Wochen haltbar. Für eine längere Haltbarkeit kann man den Fettgehalt noch etwas erhöhen oder die Gläser auch einkochen (1 Stunde bei 100 °C). Für eine Vollkonserve die fertige Pottsuse durch den Fleischwolf drehen, in Einkochgläser abfüllen und im Autoklav sterilisieren.

Varianten

Variante 1: Man kann die Pottsuse zusätzlich mit Kräutern (Thymian, Majoran etc.) würzen und erhält so Kräuter-Pottsuse oder man würzt sie mediterran: mit reichlich Knoblauch, einer deutlichen Note Kreuzkümmel, etwas Koriander, viel Oregano und feinem Olivenöl extra vergine.

Variante 2: Man kann die Pottsuse auch mit einem Anteil Pökelfleisch (ca. 30 %) herstellen.

Variante 3: Statt Nacken kann man Schweineschulter samt Schwarte verwenden und nach dem Kochen die Schwarte mit unter die Pottsuse stampfen.

SCHMALZFLEISCH

Auch das Schmalzfleisch gehört zur Gruppe der Rillettes, weil auch hier das Fleisch sehr lange im eigenen Fett gegart und anschließend zerkleinert ins Fett eingelegt wird – allerdings kann man einen Teil des Schmalzes durch Brühe ersetzen, was die Sache weniger deftig macht. Die Würze ist etwas rustikaler, daher wird dieser Brotaufstrich gerne mit herzhaftem Schwarzbrot genossen.

Schmalzfleischbrote können mit Zwiebeln, Knoblauch, Paprikapulver oder beliebigen Gemüsestreifen serviert werden.

REZEPTE

GEPÖKELTES SCHMALZFLEISCH

- 3 kg Schweinebauch
- 30 g Pökelsalz
- 3 TL Salz
- 3–4 TL Zucker
- 6 Zwiebeln
- 15 Knoblauchzehen
- 900 g Schweineschmalz
- 30 Pfefferkörner
- 15 Pimentkörner
- 2 TL Kümmel, gemahlen
- 3 TL Kräuter der Provence, getrocknet

Den Schweinebauch halbieren oder dritteln und alle Stücke mit einer Mischung aus Pökelsalz, Salz und Zucker rundherum kräftig einreiben.

Das Fleisch in Plastikbeutel füllen, mit der übrig gebliebenen Salz-Zucker-Mischung bestreuen und möglichst luftdicht verschließen bzw. vakuumieren. Das Fleisch für 4–5 Tage kühl stellen und jeden Tag mehrmals ordentlich durchmassieren.

Nach dem Pökeln das Fleisch aus den Beuteln nehmen und entweder mit oder ohne Schwarte (ist hier Geschmacksache) in 5 cm große Würfel schneiden.

Zwiebeln und Knoblauch schälen und durch den Fleischwolf drehen – danach einige Minuten im Schweineschmalz dünsten (maximal 100 °) – alternativ kann man Zwiebeln und Knoblauch auch im Thermomix sehr fein hacken, das Schmalz dazugeben und 10 Minuten bei 100 °C weiterverarbeiten.

Das vorbereitete Zwiebel-Knoblauch-Schmalz-Gemisch zusammen mit den Fleischstücken in eine große Kasserolle oder einen Römertopf füllen.

Frisch gemahlene Pfeffer- und Pimentkörner sowie Kümmel und getrocknete Kräuter der Provence nach Geschmack zugeben. Alles in den auf 140 °C vorgeheizten Backofen geben und dort ca. 2 Stunden braten, ab und zu umrühren.

Das gegarte Fleisch aus dem Topf nehmen und zweimal durch die grobe Scheibe des Fleischwolfs drehen, so dass es fein faschiert ist.

Die Fleischmasse in Einkochgläser füllen und den Bratenfond durch ein Sieb darübergießen. Wer es besonders herzhaft mag, gibt in jedes Glas noch etwas zusätzliches Schweineschmalz. 1 Stunde bei 98 °C im Einkochtopf einkochen, dann auskühlen und mindestens 3 Wochen reifen lassen, bevor man es genießt.

Hält sich kühl gelagert 2–3 Monate.

Serviervorschlag

Eine dicke Scheibe frisches Bauern- oder Schwarzbrot mit einer dicken Schicht Schmalzfleisch bestreichen, mit etwas Paprikapulver und mit reichlich in feine Scheiben gehobeltem Knoblauch bestreut zu reschem Wein oder auch kühlem Bier servieren.

RUSTIKALES SCHMALZFLEISCH

2,5 kg Schweinenacken
1,5 kg Schweineschulter (ohne Schwarte)
1 kg Schweinebauch (ohne Schwarte)
6 Schalotten
5–6 l Brühe (am besten aus Schweineknochen)
15–20 Lorbeerblätter
4–5 EL Thymian
3–4 EL weißer Pfeffer, gemahlen
2–3 EL Salz
200–250 g Schweineschmalz

Das Fleisch in 5 cm große Würfel schneiden, die Schalotten hacken und anschließend mit dem Fleisch in einen großen Topf füllen. Brühe und Gewürze dazugeben und im offenen Topf 5–6 Stunden köcheln lassen (aber nicht kochen!).

Das Fleisch aus der Brühe nehmen und die eventuell vorhandenen Knochen entfernen. Das Fleisch in faserige Stücke zerreißen und so viel Kochfond daruntermischen, dass die Masse schön streichfähig wird.

Nochmals mit Salz und Pfeffer abschmecken, dann in große Terrinenformen oder in Steingutgefäße füllen und die Oberfläche mit flüssigem Schmalz übergießen.

Hält sich einige Wochen im Kühlschrank.

Anmerkung

Zusätzlich kann man 4 Knoblauchzehen zum Schmalzfleisch hinzufügen, statt des Thymians kann man auch Rosmarin verwenden.

Einkochen

Garzeit auf 4–5 Stunden reduzieren; das gegarte Fleisch in Gläser (200–250 ml) füllen, mit Schmalz begießen, gut verschließen und 1 Stunde bei 98 °C einkochen.

DEFTIGES SCHMALZFLEISCH MIT SCHWARTEN

(für eine lange Haltbarkeit)

Zutaten für ca. 16 Gläser (à 250 ml)

3 kg Schweinebauch mit Schwarte
54–55 g Nitritpökelsalz
¼–½ TL schwarzer Pfeffer aus der Mühle

Kochsud

500–600 g Zwiebeln
6–8 Lorbeerblätter
1 EL Pfefferkörner
½ EL Pimentkörner
½ EL Wacholderbeeren
1,5 l Wasser

Das Fleisch von der Schwarte lösen und würfeln, dann die Hälfte durch die grobe Scheibe des Fleischwolfs drehen, die andere Hälfte durch die feine Scheibe drehen. In einer Schüssel mit dem Nitritpökelsalz vermischen und 2 Stunden im Kühlschrank ziehen lassen.

Für den Sud die Zwiebeln schälen, vierteln und zusammen mit den Lorbeerblättern und den in einem Mörser zerstoßenen Gewürzen im Wasser aufkochen. Die Schwarten darin in etwa 2–2,5 Stunden schön weich kochen.

Wenn die Schwarten weich sind, alles durch ein Sieb seihen, die Lorbeerblätter entfernen und die Schwarten samt den Zwiebeln durch die feine 2-mm-Scheibe des Fleischwolfs drehen.

Die Schwartenmasse möglichst heiß mit dem angepökelten Fleisch vermischen und nach Herzenslust pfeffern – der Pfeffer darf ruhig vorschmecken.

Rustikales Schmalzfleisch

Man kann auch etwas Kochfond hineinrühren, dadurch wird das Schmalzfleisch weicher, geschmeidiger und auch aromatischer.

Einkochgläser zu ¾ mit der Schmalzfleischmasse füllen und 2–2,5 Stunden bei 95 °C einkochen. Danach im Einkochwasser erkalten lassen und anschließend kühl stellen. Hält sich mindestens 1 Jahr.

Lorbeer ist eine unverzichtbare Zutat für Schmalzfleisch & Co.

„LE PÂTÉ“ UND ANDERE PASTETEN

ALLGEMEINES UND GRUNDLEGENDES

Mit diesem Kapitel bewegen wir uns in großen Schritten in Richtung hausgemachter Wurst im Glas, wenngleich die Kapitelüberschrift zunächst etwas anderes verspricht. Tatsächlich verhält es sich so, dass man in der Küche unter „Pasteten“ eigentlich in Teig eingebackene Spezialitäten aus Fleisch, Fisch, Geflügel, Pilzen oder Gemüse versteht. Aber im Französischen nennt man auch verschiedene mehr oder weniger fein gehackte oder faschierte Fleischmassen, die anschließend gebraten oder wie hier im Glas eingekocht werden, „Pâté“ (also übersetzt „Pastete“) oder auch „Parfait“, abhängig von der Feinheit der Masse („Le Pâté“ ist etwas grober und rustikaler, während „Le Parfait“ feiner ist). Zu dieser Gruppe der Köstlichkeiten zählt z. B. auch die bei uns geläufige Kalbsleberpastete. Streng genommen gibt es nur eine „richtige“ Pâté, nämlich jene mit Schweinefleisch (mit Cognac oder Armagnac und Leber aromatisiert und eingekocht). Heute werden Pâtés aber auch aus vielen anderen Produkten hergestellt.

Das Besondere an den Rezepturen, die in diesem Kapitel vorgestellt werden, ist, dass sie entweder vorgekocht ins Glas abgefüllt und anschließend eingekocht (wie Confits) oder aber direkt im Glas gegart werden (z. B. im Glas eingekochte Wurstwaren). Oftmals ist beides möglich, ich habe bei jedem Rezept die Variante angegeben, die ich für besser halte.

Manche Kritiker sprechen ja gerne davon, dass „Le Pâté“ weniger „elegant“ sei als

Pasteten passen sehr gut zu frischem Schwarzbrot

PÂTÉ RUSTIQUE

beispielsweise Rillettes und dass Pasteten „minderwertiger“ seien als die aus schierem Fleisch hergestellten Rillettes und Confits. Das stimmt zuweilen, aber nur dann, wenn minderwertige Produkte verarbeitet worden sind. Tatsächlich darf man bei Pasteten und Aufstrichen zusammenmischen, was man will (sofern man sich an die rechtlichen Bestimmungen der Bezeichnungen hält).

Das hat natürlich einerseits den Nachteil, dass es erlaubt ist, Pastetenmassen zu „strecken“, andererseits aber auch den Vorteil, in der Küche fast grenzenlose Kreativität und Fantasie walten zu lassen. Es kommt halt – wie fast immer – darauf an, was man hineingibt, wie man abschmeckt und ob sorgfältig gearbeitet wird.

Eine Ausnahme bilden die Pasteten bezüglich Zwiebeln und Knoblauch, die bei den in diesem Kapitel folgenden Rezepten – sofern nicht anders angegeben – aufgrund der langen Garzeiten nicht vorgegart werden müssen und roh unter die übrigen Zutaten gemischt werden können.

PASTETEN

Pasteten enthalten fast immer einen Teil **Leber**, der ihnen nicht nur den typischen Geschmack verleiht, sondern auch für die feine Konsistenz sorgt. Es gibt zwar auch Pastetenrezepte ohne Leber, doch diese finde ich persönlich nicht so charaktervoll.

Wir werden in diesem Kapitel auch der „Foie gras“ begegnen, deren Herstellung und Verarbeitung immer wieder (vor allem von Tierschützern) kritisiert wird. Natürlich – und das werde ich an dieser Stelle nicht abstreiten – gibt es Farmen, die die Gänse unter grauenhaften Bedingungen halten, möglichst rasch mästen und nur nach kommerziellen Gesichtspunkten großziehen, bis die Leber fett und das Tier schlachtreif ist. Aber das gibt es bei anderen Tierarten (Schweinen, Rindern etc.) auch, nur da wird nicht so viel diskutiert, weil das durch Massentierhaltung preiswert produzierte Fleisch von vielen Menschen gekauft wird, während die edle Foie gras ein Luxusprodukt ist, das teuer und selten ist und daher auch Grund zu politischen und sozialkritischen Diskussionen liefert.

HINWEIS! Auf Nachhaltigkeit achten

Man kann bei umstrittenen Zutaten wie der Foie gras als Alternative immer nachhaltig produzierte Ware verwenden – das liegt in der Eigenverantwortung jedes Einzelnen.

Die umstrittene Foie gras

Zur Klarstellung: Ich bin ein großer Gegner jeglicher Massentierhaltung und immer darauf bedacht, Fleisch von Tieren zu verarbeiten, denen es in ihrem Leben gut gegangen ist. Gegessen werden Tiere von uns seit Menschengedenken, doch in der heutigen Zeit ist der Respekt vor artgerechter Tierhaltung ins Hintertreffen geraten, das ist meiner Meinung nach das Problem.

Zudem muss man an dieser Stelle festhalten, dass eine Foie gras nicht automatisch eine Stopfleber ist, sondern grundsätzlich eine **Fettleber**. Diese ist bei Enten und Gänsen etwas ganz Natürliches, denn die Tiere nutzen ihre Leber als Kalorienspeicher für

Fois gras

die lange Reise in den Süden. Dieses natürliche Phänomen kann man sich zunutze machen und den Tieren viel und besonders kalorienhaltiges Futter geben (Datteln, Feigen, Rosinen etc.). Die Tiere fressen dann auch alleine so viel, dass sie eine Fettleber bekommen – ganz ohne Stopfen. Natürlich kosten derartige Luxuslebern etwas mehr als die künstlich angemästete Stopfleber, dafür schmeckt sie um vieles besser!

Es liegt also wie immer allein in unserer Verantwortung, was wir erwerben und verarbeiten. Ich beziehe Foie gras von einem kleinen Zuchtbetrieb aus dem Elsass, wo die Tiere auf keinen Fall mit dem Trichter gestopft, sondern mit dem „Besten vom Besten“ gefüttert werden – nicht nur zum Wohl der Tiere, sondern auch unserer Gesundheit zuliebe. Derartige Foie gras ist kein Produkt von Tierquälerei, sondern eine der feinsten Delikatessen der Welt!

Fleisch von bester Qualität

Das gilt übrigens auch für Fleisch, denn das Fleisch von schnell gemästeten Schweinen ist keinesfalls gut geeignet für Pasteten und andere eingekochte Fleischspezialitäten. Wir tun uns selber nichts Gutes, wenn wir nur auf Preis und Masse achten statt auf Qualität und Geschmack.

Seit vielen Jahren betone ich daher immer wieder, dass man lieber weniger (bzw. seltener) Fleisch essen sollte, dafür aber gute Qualität (vorzugsweise direkt beim Erzeuger) kaufen sollte. Das Gleiche gilt auch für das Einkochen: Je besser die Qualität des Ausgangsproduktes, desto besser der Inhalt.

Gerade bei Produkten, die (wie hier) faschiert sind und die nicht ermöglichen, die einzelnen Bestandteile zu erkennen, ist das unumgänglich. Wenn man sich an diesen Grundsatz hält, dann hat man nicht nur ein reines Gewissen dem Lebewesen gegenüber, sondern auch ein Nahrungsmittel in der Hand, das wirklich die Bezeichnung „Lebensmittel“ verdient. Auch wenn es in der Herstellung sehr viel teurer ist als andere Produkte, so wird es sicher seine dankbaren Abnehmer finden!

REZEPTE

Nun zu den Rezepten. Ich habe hier – der Einfachheit halber – auch alle Rezepte angeführt, bei denen Leber die Hauptrolle spielt, auch wenn diese nicht immer zu echter „Pâté“ oder zu „Parfait“ verarbeitet, sondern im Ganzen (und nicht faschiert) eingekocht werden. Aber da das Verfahren ähnlich ist, sind „Gänse- und Entenleber im Ganzen“ oder „Jiddische Hühner- und Gänseleber“ und ähnliche Rezepte ebenfalls in diesem Kapitel zu finden. Und sie beweisen vor allem auch Folgendes: „Le Pâté“ und „Le Parfait“ können nicht nur rustikalen Genuss bereiten, sondern auch Delikatessen sein!

WICHTIG! Ausnahme bei Zwiebeln

Bei einigen Pâté-Rezepten gilt die Ausnahme, dass hier (aufgrund der entsprechend langen Kochzeit und Verarbeitung) ausnahmsweise auch rohe Zwiebeln bzw. Knoblauch oder Lauch verwendet werden können. Aber nur bei jenen Rezepten, in denen es auch angegeben ist, und nicht woanders!

„LE PÂTÉ“

Diese Pastete schmeckt so exzellent und fein, dass sie von Liebhabern auch überschwänglich einfach nur als „Le parfait“ gelobt wird, obwohl die Masse durchaus auch recht grob sein kann (wenn man sie nur hackt und nicht durch den Fleischwolf treibt).

Zutaten für ca. 30 Gläser (à 250 ml)

5 kg frischer Schweinebauch (ohne Schwarte und Knochen)
1,5 kg frische Schweineleber
6–8 gelbe Zwiebeln
15–20 Knoblauchzehen
200 g Schweineschmalz
6–8 Eier (je nach Größe)
200–250 ml Armagnac
30–40 g Piment d’Espelette (oder auch Cayennepfeffer, sehr scharf)
20 g Pfeffer, frisch gemahlen (kann auch weggelassen werden)
50–60 g feines Meersalz

Das Bauchfleisch und die Leber erst grob würfeln, anschließend fein hacken oder durch die mittlere Scheibe des Fleischwolfs treiben.

Die geschälten Zwiebeln und Knoblauchzehen entweder hacken, in Schweineschmalz goldbraun rösten und anschließend abkühlen lassen oder sehr fein hacken (bzw. auch durch den Fleischwolf treiben) und nur mit dem Schmalz vermischen (weil die nachfolgende Garzeit lange genug ist, muss man Zwiebeln und Knoblauch nicht vorgaren).

Das Zwiebel-Knoblauch-Schmalz-Gemisch zusammen mit den Eiern sorgfältig in die Fleischfarce einarbeiten.

Die sterilen Gläser mit etwas Armagnac ausspülen (den Armagnac nicht wegschütten, sondern zur Fleischfarce gießen), diese mit dem restlichen Armagnac, Piment, Pfeffer und Salz kräftig würzen.

Herstellung von „Le Pâté“

Zutaten für „Le Pâté“.

Grob gewürfeltes Fleisch faschieren.

Die Leber ebenfalls faschieren.

Restliche Zutaten untermengen …

… und alles gut vermischen.

Sterile Gläser mit Armagnac ausspülen.

Die Farce in die Gläser füllen.

Gläser einkochen, nach dem Garen und Abkühlen …

… aus dem Topf nehmen und vor dem Verzehr 2 Monate reifen lassen (Foto rechts).

Danach die Farce in die Gläser füllen (1–2 cm Rand belassen) und gut festdrücken, anschließend verschließen (Gläser mit Schraubverschluss am besten bis zum Einkochen auf den Kopf stellen).

Die Gläser in große Töpfe oder Einkochtöpfe schichten, beschweren, komplett mit Wasser bedecken und aufkochen lassen. Ab dem Zeitpunkt, wenn das Wasser kocht, 3 Stunden bei 95 °C einkochen lassen (die Gläser müssen dabei stets mit Wasser bedeckt sein).

Im Einkochwasser auskühlen lassen und vor Gebrauch mindestens 2 Monate reifen lassen. Hält sich gut gekühlt 6–12 Monate.

Anmerkung

In Frankreich ist es durchaus üblich, aus dem Einkochen von „Pâté“ oder „Parfait“ ein Ritual zu machen, bei dem die „Pâté“ der letzten Produktion mit Baguette genossen (um zu wissen, ob man an der Rezeptur etwas ändern und verfeinern muss) und dazu der Rest aus der Armagnac-Flasche in kräftigen Schlucken getrunken wird – vielleicht ist das mit ein Grund, warum gerade im Süden Frankreichs die Männer dafür zuständig sind, „Pâté“ zu kochen …

FEINE KALBSLEBERPASTETE MIT OBERS („LE PARFAIT DE FOIE DE VEAU“)

Zutaten für 16–18 Gläser (à 200 ml)

1,2 kg Kalbsleber
800 g Kalbfleisch
500 g fetter, roher Speck
4–5 altbackene Semmeln
2 mittelgroße Zwiebeln
1 Bund glatte Petersilie
250 ml Obers (36 %)
4–5 Eier
Salz und Pfeffer aus der Mühle
¼ TL Piment, gemahlen
¼ TL Muskatnuss, gemahlen
2 EL getrockneter Thymian
Rapsöl zum Auspinseln der Gläser
Lorbeerblätter, Thymianzweige, Pfefferkörner oder Wacholderbeeren zum Garnieren

Die Leber und das Fleisch grob würfeln, dabei Häutchen und Sehnen sorgfältig entfernen, den Speck ebenfalls in grobe Würfel schneiden. Danach alles 2 Stunden im Tiefkühlfach frosten.

Die Semmeln in etwas Wasser (oder noch besser in Suppe) einweichen, danach gut ausdrücken und in eine Schüssel geben. Die Zwiebeln schälen und grob hacken. Die Petersilie waschen und trocken schütteln, die Blättchen abzupfen und ebenfalls hacken.

Zwiebeln, Petersilie und die gefrosteten Fleisch- und Leberwürfel mit den Semmeln vermischen und zweimal durch die feine Scheibe des Fleischwolfes drehen, dann Obers und die verquirlten Eier unterrühren. Die Masse mit Salz, Pfeffer, Piment, Muskat und den Kräutern herzhaft abschmecken.

Die sterilen Gläser mit Öl auspinseln und mit der Pastetenmasse bis 1 cm unter den Rand anfüllen; die Oberfläche kann mit Lorbeer, Thymian, Pfefferkörnern oder Wacholderbeeren garniert werden.

Die Gläser gut verschließen und wahlweise wie folgt einkochen:

1. Für einen raschen Verbrauch innerhalb weniger Wochen: Ein tiefes Backblech oder eine große Auflaufform mit zwei Lagen Küchenpapier oder Geschirrtüchern belegen und die Gläser daraufstellen. Das Blech (bzw. die Auflaufform) bis unter den Rand mit warmem Wasser füllen und in die Backofenmitte stellen. Die Pastete bei 160 °C 1,5 Stunden einkochen. Die Gläser dann aus dem Ofen nehmen und in lauwarmem Wasser auskühlen lassen.
2. Für eine längere Haltbarkeit (ca. 6 Monate): Die Gläser in einen Einkochtopf stellen, Wasser angießen, aufkochen lassen und 2–2,5 Stunden bei 98 °C einkochen.

Feine Kalbsleberpastete

LANDPASTETE

Zutaten für 8–10 Personen (1 Form mit 1,5 l Inhalt)

2 Lorbeerblätter
1 Rosmarinzweig
6 Knoblauchzehen
2 Thymianzweige
½ Bund Petersilie, gewaschen
150 g Zwiebeln, grob geschnitten
2 EL Butter
Salz
400 g Schweinsschulter
300 g Kalbsschulter
250 g Hühnerleber
1 EL Piment, geschrotet
1 TL Pfeffer, geschrotet
1 kleine Chilischote, geschrotet
200 g frischer Speck
1 EL Crème fraîche
1 Ei und 1 Eiklar
50 ml Weißwein
1 EL Pastetengewürz
Cayennepfeffer nach Geschmack
etwas Worcestersauce
Zitronenschale
grüner Speck, quer in hauchdünne Scheiben geschnitten zum Auslegen der Terrinenform

Für die Landpastete die Lorbeerblätter, Rosmarinzweig, Knoblauch, Thymian- und Petersilblätter hacken und mit den Zwiebeln in Butter weich dünsten; salzen und abkühlen lassen.

Ein Drittel der Fleischsorten in kleine Würfel schneiden, den Rest in größere Stücke schneiden. Die Hühnerleber ausschneiden und halbieren.

Piment, Pfeffer und Chilischote mit Salz vermischen, ein Drittel dieser Mischung mit den kleinen Fleischwürfeln vermengen, mit dem Rest das übrige Fleisch mischen; alles kalt stellen, denn nur das kalte Eiweiß des Fleisches bindet gut und gibt der Terrine eine schöne, geschmeidige Konsistenz.

Die größeren Fleischstücke, Hühnerleber und den Speck einmal faschieren und mit dem Zwiebelgemisch im Mixer glatt pürieren; Crème fraîche, Eiklar, das ganze Ei und den Wein mitmixen, mit Pastetengewürz, Cayennepfeffer, Worcestersauce und der abgeriebenen Zitronenschale würzen und die kleinen Fleischwürfel darunter mischen.

Die Terrinenform mit den Speckscheiben auslegen, die Farce einfüllen, dabei mehrmals die Form auf der Arbeitsfläche aufstoßen, damit sich alles gut setzt, die Oberfläche mit Speckscheiben zudecken, Gewürze darauf geben und mit Alufolie oder dem Terrinendeckel verschließen.

Im heißen Wasserbad bei 180 °C im Backofen etwa 90 Minuten garen; danach auf die Terrine ein Brettchen legen und mit einem Gewicht beschweren; die Landpastete im Kühlschrank abkühlen bzw. erstarren lassen.

Vor dem Servieren mindestens einen Tag kalt stellen.

HÜHNERLEBERAUFSTRICH

Die traditionellen „Crostini“ der Toskana sind – zusammen mit dem gelierten Huhn – wahrscheinlich die Geflügelvorspeise schlechthin. Hierfür wird ein rustikal gewürzter Hühnerleberaufstrich auf geröstetes Brot geschmiert und als Antipasto genossen. Dazu schmeckt am besten ein leichter Rotwein. Ob man den Hühnerleberaufstrich mit Lorbeer oder mit Salbei aromatisiert, ist reine Geschmackssache – gut schmeckt beides!

500 g Hühnerleber
3–4 EL Olivenöl extra vergine
3–4 Knoblauchzehen
6–8 Lorbeer- oder Salbeiblätter
Meersalz und Pfeffer aus der Mühle
75 ml trockener Weißwein
75 ml leichte Hühnersuppe
1–2 EL gut gewaschene Salzkapern
5–6 in Öl eingelegte Sardellenfilets
3–4 EL Butter

Die Lebern sauber putzen und in nicht zu kleine Stücke schneiden.

In einer schweren Pfanne das Olivenöl erhitzen, zerdrückten Knoblauch, Lorbeer- oder Salbeiblätter und die Hühnerlebern dazugeben und unter häufigem Rühren bei guter Hitze 5 Minuten braten.

Wenn die Leber beginnt, am Pfannenboden anzusetzen, salzen, pfeffern und mit Wein ablöschen. Bratensatz unter Rühren vom Boden lösen und alles bei guter Hitze 2–3 Minuten weitergaren – danach mit der Hühnersuppe aufgießen und weitere 5 Minuten köcheln lassen.

Die Pfanne vom Herd nehmen. Lorbeer- oder Salbeiblätter herausnehmen und wegwerfen.

Die Lebermischung durch die feine Scheibe des Fleischwolfes drehen und in einen Topf füllen. Gewaschene Kapern und Sardellen fein hacken und zusammen mit der Butter zur Leber geben. Die Zutaten bei niedriger Temperatur unter Rühren erhitzen (ja nicht kochen lassen!), dann den Aufstrich in ein irdenes Gefäß füllen und auskühlen lassen.

Serviertipp

Etwa 12–16 Scheiben Weißbrot oder Baguette im heißen Backofen goldbraun rösten, dann kurz in Hühnersuppe (ca. 250 ml) tauchen und mit dem Hühnerleberaufstrich bestrichen sofort genießen!

Variante für längere Haltbarkeit

Für eine längere Haltbarkeit (ca. 6 Monate) die Lebermasse mit einer 3–4 cm dicken Schicht Gänseschmalz abdecken oder einkochen: Dazu die Lebermasse in Einkochgläser (à 200 ml) füllen, mit Olivenöl beträufeln und bei 78 °C 1 gute Stunde im Einkochtopf einkochen (hält sich bei 4–6 °C ca. 6 Monate).

HÜHNERLEBER AUF JÜDISCHE ART

Im Burgenland gab es einst mehrere jüdische Gemeinden, weshalb viele Traditionsgerichte der betreffenden Regionen jüdischen Ursprungs sind. Dieses Rezept findet man rund um den Neusiedler See in vielen gutbürgerlichen Lokalen, wo es bis heute Ehrensache ist, dass man die „Jiddische Hühnerleber“ dem Gast auch heute noch „hausgemacht“ serviert. Das Rezept schmeckt so gut, dass es sich lohnt, gleich mehr davon herzustellen. Es gibt zwei Varianten, eine traditionelle und eine moderne.

TRADITIONELLE VARIANTE

20 Stück Hühnerlebern (gut zugeputzt)
2 kleinere Zwiebeln
4 EL Gänseschmalz
4 hart gekochte Eier
Salz und Pfeffer aus der Mühle
Gänseschmalz (oder auch Butter) zum Verfeinern

Die Hühnerlebern und Zwiebeln klein schneiden, die Zwiebeln in heißem Gänseschmalz glasig rösten, die Leberstücke dazugeben und so lange rösten, bis sie nicht mehr blutig sind.

Alles auskühlen lassen, danach mit einem großen Messer zusammen mit den hart gekochten Eiern möglichst klein hacken, gut vermischen und mit Salz und Pfeffer würzen.

Alles in einer Schüssel gut verrühren und dabei noch mehr Gänseschmalz (nach Geschmack) oder auch etwas Butter (wenn man dieser den Vorzug geben will) einarbeiten (ich gebe noch eine Prise mittelscharfes Paprikapulver dazu).

Kalt stellen, dann zusammen mit frisch gebähtem Schwarzbrot auftischen.

Anmerkung
Statt der Hühnerleber kann man eine „normale“ Gänseleber nehmen.

Hühnerleber auf jüdische Art

MODERNE VARIANTE

Die Hühnerlebern putzen, häuten und in Stücke schneiden, die Zwiebeln schälen, möglichst fein hacken und im heißen Gänseschmalz ganz leicht bräunen.

Den geschälten und grob gehackten Knoblauch sowie die Hühnerleberstücke zufügen. Alles unter Rühren braten, bis die Lebern „fest" geworden und nicht mehr blutig sind, den Majoran hinzugeben und gut mit Salz und Pfeffer würzen.

Wenn man will, mit Wein begießen, noch einige Minuten dünsten, bis alles gut verkocht ist. Die Masse mit dem Stabmixer oder in einer Küchenmaschine fein pürieren, eventuell auch noch durch ein feines Sieb streichen.

Die Masse in Tontöpfchen (vorzugsweise Portionsförmchen) füllen und mit einer Schicht flüssigem Gänseschmalz abdecken. Mit gebähtem Brot servieren.

Zutaten für etwa 10–12 Portionen

1 kg Hühnerleber

2–3 große Zwiebeln

5–6 EL Gänseschmalz

6–10 Knoblauchzehen (je nach Geschmack)

4 EL getrockneter Majoran (besser: 2 Sträußchen frischer Majoran)

Salz und Pfeffer aus der Mühle

1 Glas Seewinkler Trockenbeerenauslese (fakultativ)

Gänseschmalz zum Bedecken

Variante für längere Haltbarkeit

Für eine längere Haltbarkeit (sowohl der traditionellen als auch der modernen Variante) die Masse in sterile Gläser füllen und anschließend mit einer dicken Schicht heißem Gänseschmalz (3 cm hoch) übergießen – so hält die Hühnerleber auf jüdische Art ca. 1–2 Wochen im Kühlschrank. Wenn man die Hühnerleber einkocht, beträgt die Haltbarkeit mindestens 6 Monate (bei 4 °C): Dazu die Lebermasse grob oder fein faschiert in Einkochgläser (à 100 ml) füllen und 1 gute Stunde bei 78 °C im Einkochtopf einkochen (Kerntemperatur von 72 °C ist unumgänglich!).

ENTENPASTETE MIT PORTWEIN UND TRÜFFELN

Eines meiner Lieblingsrezepte! Mein Tipp: Nur frische schwarze Trüffel aus dem Périgord verwenden, sonst ist das Vergnügen nur halb so groß ...

Zutaten für ca. 50 Gläser (à 100 ml)

1 kg Entenfleisch von der Keule
1 kg Entenbrust
600 g Schweinebauch oder -schopf (ohne Schwarte)
4 Schalotten
600 g Entenfett
200–250 g Périgord-Trüffeln
250–300 ml guter roter Portwein (oder Armagnac)
¼ TL Nelkenpulver
¼ TL Piment, gemahlen
¼ TL Muskatnuss, frisch gerieben
1 Prise Zimtpulver
30 g schwarzer Pfeffer, frisch gemahlen
70–75 g feines Meersalz
50 kleine Lorbeerblätter und Thymianzweige

Sämtliches Fleisch durch die mittlere Scheibe des Fleischwolfs drehen.

Die Schalotten hacken und in etwas Entenfett goldbraun dünsten.

Das Fleisch anschließend mit den gerösteten Schalotten, dem restlichen Entenfett, den klein gewürfelten Trüffeln, Portwein und Gewürzen zu einer homogenen Masse verkneten.

Jeweils 1 kleines Lorbeerblatt in die sterilen Gläser geben und die Masse einfüllen (1–2 cm unter dem Rand freilassen), festdrücken und ein kleines Stück Thymian darauflegen. Die Gläser gut verschließen und 3 Stunden einkochen (größere Gläser 4 Stunden einkochen).

Vor Gebrauch mindestens 14 Tage im Kühlschrank durchziehen lassen.

Feine Entenpastete

VARIANTEN

Variante 1: 400–500 g fein gehackte oder faschierte Entenleber unter die Masse mischen.
Variante 2: Die Pastete in 150–200 ml Gläser füllen und in die Mitte der Pastete jeweils 1 Stück sauber parierte Entenleber (Foie gras) geben oder auch gewürfelte Foie gras unter die fertige Fleischmasse mischen.
Variante 3: Statt mit Entenfleisch kann man die Terrine auch wunderbar mit Gänsefleisch herstellen.
Variante 4: Statt Entenfett Brustspeck vom Schwein nehmen (diesen ebenfalls faschieren).
Variante 5: Statt Schweinefleisch kann man auch Kalbfleisch verwenden.

GÄNSE- ODER ENTENLEBERPASTETE („PÂTÉ DE FOIE GRAS")

Im Gegensatz zur so genannten „Entier" – also der Leber im Ganzen – wird hier mit Leberscheiben gearbeitet, die in eine Fleischmasse eingekocht wurden. Nicht ganz so edel, aber dafür eine echte Pastete. Auch hier bitte nur die Foie gras von ungestopften Tieren verarbeiten.

Zutaten für 9 Gläser (à 350 ml)

1,2 kg Foie gras von Ente oder Gans

1 Handvoll Meersalz

1 Schuss Weinessig

Salz und Pfeffer aus der Mühle

900 g Schweineschulter (ohne Schwarte und Knochen)

450–500 g grobes Bratwurstbrät (z. B. von italienischer Salsiccia)

18 hauchdünne Scheiben roher oder gesalzener weißer Rückenspeck

Die Foie gras auseinanderbrechen (die beiden Leberlappen voneinander trennen) und 15 Minuten in eiskaltes Wasser, das mit 1 Handvoll grobem Salz und etwas gutem Weinessig versetzt wurde, einlegen. Dann die Leber herausnehmen und möglichst sauber parieren. Anschließend in 18 gleich große Scheibchen schneiden, diese zart salzen und pfeffern.

Die Schweineschulter fein faschieren und mit dem aus der Wursthaut geschälten Bratwurstbrät zu einer homogenen Masse verarbeiten.

Die Böden der sterilen Gläser zunächst mit je 1 Scheibe Speck auslegen (der Speck sollte nur leicht über den Boden hinausragen). Dann je 1 Löffel der Fleischmasse einschichten, je 1 Leberscheibe darauflegen, danach wieder Fleischmasse und Leber daraufgeben und mit Fleischmasse abschließen.

Danach gut andrücken und mit den restlichen (zurechtgeschnittenen) Speckscheiben abdecken (sie sollten wie ein Teller auf der Masse aufliegen). Die Gläser verschließen und 2 Stunden bei 80 °C einkochen (gemessen ab dem Zeitpunkt, ab dem das Wasser kocht). Im Einkochtopf abkühlen und vor Gebrauch 2 Wochen kühl rasten lassen.

Hält sich im Kühlschrank gut 4–6 Monate.

Rustikale Rehpastete

RUSTIKALE REHPASTETE

Um den feinen Rehgeschmack nicht zu überdecken, sollte diese Pastete nicht allzu stark gewürzt werden.

Das Rehfleisch häuten und in Würfel schneiden, den Speck in kleine Würfel schneiden oder durch den Fleischwolf drehen und in einer Kasserolle bei milder Hitze auslassen.

Knoblauch schälen und grob hacken, im ausgelassenen Fett andünsten, dann das Rehfleisch hinzugeben und unter Rühren 45 Minuten dünsten.

Alles durch den Fleischwolf drehen, mit den frisch gemahlenen Gewürzen aromatisch (aber nicht zu kräftig) abschmecken, in sterile Gläser füllen und 1,5–2 Stunden bei 95 °C einkochen.

Anmerkung

Für eine schöne Rotfärbung der Pastete kann man hier auch ausnahmsweise Nitritpökelsalz verwenden, allerdings wird dadurch auch der natürliche Rehfleischgeschmack verändert.

Zutaten für ca. 16 Gläser (à 125 ml)

2 kg Rehfleisch
1,5–1,8 kg roher Schweinerückenspeck
4–6 Knoblauchzehen
¼ TL Lorbeerpulver
¼–½ TL Wacholder
½–1 TL Pimentkörner
½–1 TL Kümmel
¼–½ TL Zimtpulver
2 Msp. Nelkenpulver
1 TL getrockneter Rosmarin, fein gemörsert
1 TL getrockneter Thymian, fein gemörsert
ca. 100 g Salz
Pfeffer aus der Mühle

HIRSCHPASTETE MIT COGNAC („PÂTÉ DE CERF AU COGNAC“)

Hier ein ganz einfaches und sehr rustikales Pastetenrezept, das aber geschmacklich hundertprozentig Erfolg verspricht.

Den Speck in kleinere Würfeln schneiden und in einer Kasserolle langsam auslassen.

Zwischenzeitlich die Leber und das Hirschfleisch enthäuten und in Streifen schneiden.

Die Zwiebeln schälen, in kleine Würfel schneiden und im ausgelassenen Fett hellgelb dünsten. Die Leber- und Fleischstreifen dazugeben und mitrösten, salzen, pfeffern und zugedeckt etwa 45–50 Minuten garen.

Die gesamte Masse durch den Fleischwolf drehen und mit Cognac und Wasser (oder Wildfond) glatt rühren (nicht zu viel Flüssigkeit zugeben!), abschmecken.

Die Pastete in Gläser füllen, mit etwas Schmalz abdecken und gut verschlossen 100–120 Minuten bei 88 °C im Einkochkessel einkochen.

Zutaten für 22–25 Gläser (à 100 ml)

500 g roher Schweinespeck
500 g Hirsch-, Wildschwein- oder Schweineleber
0,9–1 kg Hirschfleisch
5–6 Zwiebeln
Salz und Pfeffer aus der Mühle
100 ml guter Cognac
100–150 ml Wasser oder Wildfond
Schmalz nach Bedarf

Auch Wildschwein, Reh, Elch etc. lassen sich zu einer solchen Pastete verarbeiten.

Anmerkung
Diese Pastete kann man vielfältig nach eigenem Geschmack abwandeln. So kann man statt Wasser auch einen mit Trüffelsaft aromatisierten Wildfond nehmen, die Pastetenmasse mit Wildgewürzen (Piment, Wacholder, Rosmarin, Thymian, Lorbeer etc.) abschmecken, mit klein gewürfelter Foie gras verfeinern oder gehacktes Ei dazugeben usw. Der Fantasie sind keine Grenzen gesetzt.

WILDSCHWEINPASTETE („PÂTÉ DE SANGLIER“)

Zutaten für 8 Gläser (à 500 ml)

1,25 kg Wildschweinschulter
100 g Schweinerückenspeck
200 g eher magerer Speck (geräuchert oder luftgetrocknet)
200 ml trockener Rotwein
100 ml guter Portwein
6–8 cl Armagnac
1 EL Wacholderbeeren
1 EL gehackte Rosmarinnadeln (oder Thymian)
800 g Schweinebauch (ohne Schwarte)
600 g Schweinehals
300–400 g Wildschwein- oder Schweineleber
1,5 TL Quatre epices
5 Schalotten
4–6 Knoblauchzehen
30–40 g Salz
1 gute Prise schwarzer Pfeffer, frisch gemahlen

Ein Drittel des Wildschweinfleisches sauber parieren und in kleine Würfel schneiden. Den Schweinerückenspeck ebenfalls klein würfeln, den geräucherten oder luftgetrockneten Speck in feine Streifen schneiden.

Das Wildschweinfleisch mit den beiden Specksorten in eine Schüssel füllen und mit Rotwein, Portwein, Armagnac, Wacholder und Rosmarin (oder Thymian) vermischen, 6 Stunden kühl marinieren lassen.

Das restliche Wildschweinfleisch, Schweinebauch und -hals sowie die Leber durch die grobe (oder mittlere) Scheibe des Fleischwolfs drehen und mit Quatre epices vermischen.

Die geschälten Schalotten und Knoblauchzehen möglichst fein hacken und unter die Fleischfarce mengen, danach auch das marinierte Fleisch, den Speck und die Marinade selbst einarbeiten, zum Schluss nach Geschmack salzen und pfeffern.

Die Masse in saubere Einkochgläser ca. 2/3 bis 3/4 hoch einfüllen, gut verschließen, in einen großen Topf (oder Einkochtopf) stellen und gänzlich mit Wasser bedecken, die Gläser eventuell beschweren. Das Wasser aufkochen lassen, dann die Hitze zurücknehmen und die Pastete 3,5–4 Stunden bei 85 °C einkochen. Die Gläser im Wasser abkühlen lassen und vor Gebrauch einige Tage im Kühlschrank rasten lassen.

WURST IM GLAS

ALLGEMEINES

In diesem Kapitel geht es um verschiedene Varianten von Leberwurst, Blut- und Mettwurst im Glas. Ganz besonders bei diesen Wurstprodukten ist die eingangs gestellte Frage, warum man überhaupt selber Fleisch einkochen sollte, von Bedeutung. Die Antwort liegt gerade hier auf der Hand: Einerseits, um zu wissen, woraus das Produkt besteht, und andererseits, damit es so schmeckt, wie es schmecken soll und nicht einem Einheitsgeschmack angepasst ist. Von nun an brauchen Sie nicht mehr zu überlegen, was die ganzen Bezeichnungen auf den Etiketten der Hersteller bedeuten, denn Sie machen Ihre eigene Wurst im Glas und Ihre eigenen Etiketten und wissen ganz sicher: In diesen Produkten ist nichts drin, was nicht drin sein soll!

WICHTIG! Halbkonserven

Die Rezepte auf den folgenden Seiten sind ausschließlich so genannte Halbkonserven mit einer Haltbarkeit von ca. 6 Monaten!

„Kochwürste": Leber- und Blutwurst

Blut- und Leberwürste sind traditionelle Kochwürste. Die Grundzutaten (Fleisch und Speck) werden vorgegart und dann zusammen mit den übrigen Zutaten praktisch ein zweites Mal gekocht. Früher wurden diese Wurstprodukte fast immer bei Hausschlachtungen fabriziert, denn das schlachtfrische Fleisch und die noch lebendwarme Leber wirken sich auf die Qualität dieser Würste besonders gut aus. Das ist natürlich heute (zumindest für den durchschnittlichen Haushalt/Konsumenten) kaum möglich. Aber auch mit frischem Fleisch, das man beim Fleischhauer oder Direktvermarkter besorgt, ist es möglich, eine gute Qualität zu erzielen – vorausgesetzt, das Grundprodukt ist entsprechend hochwertig.

Je frischer die Leber bei der Zubereitung ist, umso besser schmeckt das Produkt!

Feine Bauernleberwurst (Rezept S. 114)

„Rohwürste": Mettwurst

Mettwürste sind eigentlich Rohwürste – vor allem frisches Mett hat viele Liebhaber, aber auch den Nachteil (wie Tatar), sehr schnell zu verderben. Da jedoch geräucherte oder auf andere Weise konservierte Mettwürste fachlich nicht zum Thema dieses Buches über eingekochtes Fleisch gehören, folgen daher Rezepte für „gekochte Mettwurst", wobei die Herstellung dieser Wurstwaren mehr jener von Pasteten (siehe voriges Kapitel, ab S. 89) entspricht. Aber letztlich handelt es sich doch um eingekochte Wurstwaren, und daher sind sie in diesem Kapitel angeführt.

Was darf/muss drinnen sein?

Wer Wurst im Glas herstellen und vermarkten möchte, sollte sich informieren, was auf den Etiketten stehen muss bzw. wie die Wurstware benannt sein darf. Denn aus rechtlicher Sicht erfordern bestimmte Wurstnamen eine bestimmte Zusammensetzung der Farce.

Am besten informiert man sich diesbezüglich z. B. bei der jeweiligen Fleischer-Innung oder mit Hilfe des Codex alimentarius (Lebensmittelkodex); ein Grundwissen der Hygieneverordnung HACCP sollte man sich ebenfalls aneignen (weitere hilfreiche Informationen finden Sie im Anhang ab S. 166).

DIE HERSTELLUNG VON WURST IM GLAS

Bei der Herstellung von feinen Wurstwaren sind einige technische Dinge zu beachten, damit das Ergebnis zufriedenstellend ist und möglichst keine „Fehler" ins Glas gelangen. Viele der unerwünschten Effekte lassen sich ganz einfach beheben, wenn man weiß, was man falsch gemacht hat. Es empfiehlt sich daher, ein eigenes „Einkoch-Buch" anzulegen, wo man seine Erfahrungen der jeweiligen Produktion niederschreibt und so das Ergebnis beim nächsten Mal verbessern kann – zudem bietet so ein Produktionsbuch auch die Möglichkeit, eigene Rezepte zu kreieren und deren Herstellungsablauf zu dokumentieren. Zusätzlich zu den im Kapitel „Einleitung" (ab S. 13) angeführten Punkten hier ein paar Tipps, wie man (häufig auftretende) Fehler von vornherein vermeiden kann.

Häufige Fehler und Lösungsmöglichkeiten

1. Wenn man keine schlachtfrischen oder gar lebendwarmen Zutaten zur Verfügung hat, muss das Ausgangsprodukt (egal ob Fleisch, Leber etc.) unbedingt im Kühlschrank gelagert werden.
2. Immer nur kleine Einheiten produzieren, die auf einmal eingekocht werden können – gefüllte Wurstgläser können zwar 1–2 Stunden im Kühlschrank aufbewahrt werden, bevor man sie einkocht, doch das sollte man nur dann machen, wenn eine sofortige Weiterverarbeitung nicht möglich ist.
3. Die fertige Wurstware verdirbt oftmals vor dem (vorgesehenen) Ablaufdatum, wenn sie nicht ausreichend kühl gelagert wurde, sie zu viel Licht ausgesetzt wird oder wenn unhygienisch gearbeitet wurde.
4. Wurst im Glas sollte in nicht zu großen Gebinden eingekocht werden, damit sie gleichmäßig gart – 200-ml-Gläser sind (für den Heim-, Hobby- und semiprofessionellen Bereich) ideal.
5. Die Gläser dürfen nicht gänzlich befüllt werden, damit sich die Wurstmasse im Inneren ausbreiten kann.
6. Die angegebene Einkochzeit ist genau einzuhalten. Ein saurer Geschmack der Wurst ist ein Zeichen dafür, dass die Garzeit zu kurz oder die Temperatur zu niedrig war. Wichtig: Die Einkochzeit wird ab dem Zeitpunkt gemessen, zu dem das Wasser die angegebene Temperatur erreicht hat. Stellt man noch während oder direkt nach dem Garen fest, dass man sich mit der Zeit vertan hat, kann man die Wurstware durch Nachgaren noch retten. Lagert die Wurst schon länger, ändert dieser Rettungsversuch leider nichts mehr.
7. Wenn z. B. Leberwurst viele dunkle Flecken zeigt, dann ist das ein Indikator dafür, dass zu viel mageres Fleisch verarbeitet wurde – bei der nächsten Produktion also mehr durchwachsenes oder fetteres Fleisch verarbeiten. Aber auch eine unzureichende Kühlung der Wurstmasse kann ausschlaggebend dafür sein. Deshalb bitte immer auf entsprechende Kühlung achten.
8. Bei Leberwurst gibt es manchmal rote Stellen im Inneren. Der Grund dafür ist das Verarbeiten von sehr viel rohem Fleisch, das eine wesentlich längere Garzeit braucht als andere Zutaten. Die im Folgenden angegebenen Rezepte sind so abgestimmt, dass dieser Fehler eigentlich nicht auftreten sollte.
9. Die Wurstrezepte in diesem Kapitel kommen ohne Nitritpökelsalz und andere – ähnlich geartete – Konservierungsstoffe aus, weshalb auch kein Umröten stattfindet. Lassen Sie sich dadurch nicht verwirren, wenn Ihre Produkte anders aussehen als vergleichbare handelsübliche Produkte. Dafür haben Sie ein gesundes und reines Naturprodukt ohne irgendwelche Zusatzstoffe.

Wichtige Vorbemerkungen zur Herstellung von Wurst im Glas

1. Da es sich bei den folgenden Rezepten um so genannte Halbkonserven mit relativ kurzer Einkochzeit handelt, dürfen weder Brot noch mehlhaltige Produkte in der Wurstmasse verarbeitet werden!
2. Zwiebel, Knoblauch und Lauch niemals roh verarbeiten, sondern immer zuvor kochen, dünsten oder braten!
3. Wenn Schwarten (als Bindemittel) mitverarbeitet werden, dann dürfen diese unter keinen Umständen zu lange gekocht werden, weil sie dann die Bindekraft verlieren (das ist vor allem bei Blutwurst wichtig). 60 Minuten in 80 °C warmem Wasser sind in der Regel ausreichend.
   Und die Schwarten müssen absolut frisch sein, sonst kann die Wurst später abgestanden schmecken.
4. Für Blutwürste ist es entscheidend, dass das Blut absolut frisch ist und zudem nicht zu kalt verarbeitet wird. Sonst kann es passieren, dass die Farbe der Wurst unschön ist oder die Wurst nicht gut schmeckt. Ist kein frisches Blut erhältlich, dann lieber zu so genanntem „Trockenblut" greifen (ein absolut einwandfreies und hygienisches Produkt). Üblicherweise wird 1 kg Trockenblut mit 5 Litern Wasser angerührt.
5. Für alle im Glas eingekochten Wurstwaren (generell für eingekochtes Fleisch) gilt, dass man sie kräftig und herzhaft abschmecken muss, da die meisten Gewürze in der Zeit der Lagerung an Intensität verlieren. Aber nicht übertreiben, hier geht es um Halbkonserven, die in der Regel 6 Monate haltbar sind, da ist dieser Geschmacksverlust nicht so gravierend wie beispielsweise bei Vollkonserven.

ACHTUNG! Füllhöhe

Insbesondere bei Leberwurst ist zu berücksichtigen, dass die Wurstmasse umso mehr aufquillt, je höher ihr Fettgehalt ist. Daher die Gläser niemals randvoll stopfen, sondern immer einen großzügigen Platz zum Rand hin belassen. Wie voll man die Gläser machen kann, ist abhängig vom System. Gläser mit Schraubverschluss kann man höher befüllen als beispielsweise WECK- oder andere Gläser mit Bügelverschluss. Wenn man die Gläser aber immer nur halb voll bis höchstens 2/3 voll befüllt, ist man auf jeden Fall auf der sicheren Seite. Das gilt übrigens auch für andere (fettreiche) eingekochte Produkte. Ich bevorzuge hierfür Gläser mit Schraubverschluss, die sind sehr hygienisch und praktisch in der Handhabung, weil man ja meist nicht gleich alles auf einmal isst und das Glas bis zur weiteren Verwendung zuschrauben kann.

LEBER- UND BLUTWURSTREZEPTE

Die Vielfalt an Blut- und Leberwurstrezepten ist kaum überschaubar, fast jede europäische Region hat viele Varianten zu bieten. Und auch in den USA (vor allem im kreolischen Süden), in Mittelamerika (vor allem Mexiko) oder selbst in Asien (China, Südostasien) gibt es Rezepte in Hülle und Fülle. Ich habe daher für dieses Buch eine kleine Auswahl getroffen, die aufzeigen soll, welche Würzungen oder technischen Herstellungswege möglich sind, um ein gutes Ergebnis zu erzielen.

RUSTIKALE SPECK-LEBERWURST

2,5 kg Schweineleber
4 große Zwiebeln
4 Knoblauchzehen (nach Belieben)
evtl. etwas Schweineschmalz zum Dünsten
80 g Salz (oder Meersalz oder Nitritpökelsalz)
2 kg roher Rückenspeck (ohne Schwarte)
500 g roher Brustspeck (ohne Schwarte)
12 g schwarzer Pfeffer, frisch gemahlen

Gewürzvariante 1
3 g Nelkenpulver
2 g Muskatnuss, frisch gemahlen

Gewürzvariante 2
5 g Quatre epices

Gewürzvariante 3
5–6 g Kräuter der Provence, fein zerrieben

Die frische Schweineleber in Streifen schneiden und 30 Minuten wässern, danach säubern.

Zwischenzeitlich die geschälten Zwiebeln und Knoblauchzehen klein hacken und einige Minuten in etwas Schweineschmalz dünsten bzw. braten. Zwiebeln und Knoblauch mit Leber und Salz vermischen und zweimal durch die 2-mm-Scheibe des Fleischwolfs drehen.

Den Rücken- und Brustspeck in kleine Würfel schneiden und in siedendem Wasser abbrühen, dann abseihen. Speck, Pfeffer sowie die ausgewählten Gewürze mit der Lebermasse gut vermischen, bis eine gute Bindung der Masse erkennbar ist. Rustikal und herzhaft abschmecken!

Die Leberwurst in sterile und heiß ausgespülte Gläser füllen, zum Rand einen Leerraum belassen, damit sich die Wurstmasse beim Garen ausbreiten kann, die Oberfläche glatt streichen, die Gläser verschließen und in den Einkochkessel geben. Bei 90 °C 1,5 Stunden einkochen.

In lauwarmem Wasser auskühlen lassen, danach kühl lagern.

Variante
125 g dreifach konzentriertes Tomatenmark unter die Wurstmasse mischen (in diesem Fall Gewürzvariante 3 verwenden) und – für ein besonders starkes Aroma – die Zwiebeln kräftig bräunen.

HERZHAFTE LANDLEBERWURST

Zwiebeln, Knoblauch und Majoran sind die typischen Aromen dieses nach wie vor unübertroffen guten Leberwurst-Klassikers!

Zutaten für ca. 30 Gläser (à 200 ml)

1 kg Kopffleisch
1 kg Schweineschulter (ohne Schwarte)
120–125 g Salz
500 g Zwiebeln
12–15 Knoblauchzehen
2 EL Schweineschmalz
1,5 kg Schweinerückenspeck
1,5 kg frische Schweineleber (sauber pariert)
5–10 g Majoran
12 g frisch gemahlener Pfeffer
5 g geschroteter Kümmel oder gemahlener Piment

Kopffleisch und Schulter in einen Topf geben, mit Salzwasser aufgießen, zum Kochen bringen und schnittfest garen.

In der Zwischenzeit die gehackten Zwiebeln und den Knoblauch in einer Pfanne im Schweineschmalz weich schmoren. Den entschwarteten Rückenspeck in kleine Würfel schneiden und einige Minuten in kochendem Wasser blanchieren.

1 kg der Schweineleber roh zweimal durch die feine Scheibe des Fleischwolfs drehen. Die restliche Leber in sehr kleine Würfel schneiden und mit kochendem Wasser überbrühen.

Das vorgekochte Kopffleisch und die Schulter zusammen mit dem Zwiebel-Knoblauch-Gemisch durch die mittlere Scheibe des Fleischwolfs drehen, dann in eine Schüssel füllen und mit den übrigen Zutaten zu einer homogenen Wurstmasse vermengen, diese anschließend herzhaft und kräftig abschmecken (Majoran und Pfeffer dürfen leicht hervorschmecken).

Die sauberen und sterilen Gläser kurz in heißes Wasser tauchen, dann die Leberwurstmasse bis maximal zu 2/3 in die Gläser einfüllen. Gut festdrücken, um Luftblasen zu entfernen, die Oberfläche glatt streichen und den Rand gut säubern, danach die Gläser verschließen und im Einkochtopf 70 Minuten bei 100 °C kochen.

In lauwarmem Wasser auskühlen lassen, danach an einem kühlen Ort aufbewahren.

Anmerkung

Für Wildschweinleberwurst einfach Schweinefleisch und -leber durch Wildschweinfleisch und -leber ersetzen, die restlichen Zutaten bleiben gleich.

Varianten

Ich würze diese Leberwurst auch gerne zusätzlich mit einer ordentlichen Prise Thymian, das macht die Sache noch herzhafter. Statt Majoran kann man Oregano nehmen und statt Kümmel Kreuzkümmel – das sorgt für ein mediterranes Geschmacksbild. Mein Uronkel Jakob (Bauer im Odenwald) hat zusätzlich einen guten Schuss Maggi zur Leberwurst gegeben und war der Ansicht, dass dies den Geschmack heben wurde. Ich mache das nicht, überlasse die Entscheidung aber Ihnen.

FEINE BAUERNLEBERWURST

Zutaten für ca. 30 Gläser (à 200 ml)

1 halbierter Schweinekopf (man benötigt 1 kg Kopffleisch ohne Knochen, aus dem Rest eine Sulz machen)
1 kg Schweinebacken ohne Schwarte (oder gemischte mittelfette Abschnitte)
1,5 kg Schulter (oder Bauchfleisch ohne Schwarte)
1,5 kg Schweineleber
90 g Kochsalz
5 g Majoran, gerebelt
2,5 g Piment, frisch gemahlen
2,5 g Macispulver
2,5 g Ingwerpulver
15 g schwarzer Pfeffer aus der Mühle

Den Schweinekopf in Wasser weich kochen, das Fleisch von den Knochen lösen und 1 kg abwiegen. Die Backen und die Schulter (bzw. den Bauch) in Wasser bissfest kochen. Die Hälfte der Schweineleber im abkühlenden Kochsud vom Fleisch überbrühen.

Kopffleisch, Backen, Schulter (bzw. Bauch) und die überbrühte Schweineleber durch die 10-mm-Scheibe des Fleischwolfs drehen, die restliche Leber in Würfel schneiden, mit dem Salz vermischen und anschließend zweimal durch die 2-mm-Scheibe drehen. Alles in eine Schüssel füllen und mit einem Holzlöffel kräftig schlagen, bis die Masse Blasen wirft, dann die Gewürze einarbeiten und abschmecken.

Die Masse in heiß ausgespülte, sterilisierte Gläser füllen, genügend Abstand zum Rand lassen, die Oberfläche glatt streichen, die Gläser gut verschließen und in den Einkochtopf geben. Mit Wasser bedecken, aufkochen lassen und gut 1,5 Stunden bei 90 °C einkochen.

In lauwarmem Wasser auskühlen lassen, danach kühl lagern.

Kopffleisch vom Schwein ist eine häufige Zutat für Leberwurstrezepte.

DELIKATESS-LEBERWURST

Die vielleicht beliebteste Streichwurst der Welt gibt es in zwei unterschiedlichen Geschmacksrichtungen: Für die erste Variante wird Nitritpökelsalz verwendet; daher wird mit etwas Honig gesüßt, für die zweite Variante nimmt man normales Kochsalz und verzichtet auf den Honig. Industriell gefertigte Delikatess-Leberwurst enthält auch fast immer Farbstabilisatoren, auf die wir hier bekanntlich verzichten und dafür in Kauf nehmen, dass unsere Leberwurst eine etwas dunklere Farbe hat.

Wie viel Leber in die Wurst kommt, ist Geschmacksache: Manche mischen 1 Teil Leber auf 3 Teile Fleisch und Speck, andere nehmen 1 Teil Leber auf 2 Teile Fleisch und Fett – ich halte das „goldene Mittelmaß" für richtig und nehme daher 1,5 kg Leber auf 3,5 kg Fleisch und Speck. Aber zum „Gewöhnen" ist es sicher sinnvoll, zunächst etwas weniger Leber zu nehmen.

Das gilt auch für Zwiebeln: Manche geben recht viel dazu, andere nur wenig als geschmackliche Stütze. Ich erinnere daher noch einmal an das persönliche „Einkoch-Buch", in dem man dokumentieren kann, wie man was eingekocht hat und was einem am besten geschmeckt hat – so kann man im Laufe der Zeit die optimale Rezeptur herausarbeiten.

1,5 kg Schweinenacken (oder Schweinebacken, wenn es besonders gut werden soll)
1,5 kg Schweinebauch (mit Schwarte)
600 g roher Rückenspeck
200 g Schweineschwarten
300 g Zwiebeln (mit wenig Wasseranteil)
50–75 g Butter
11–12 g Pfeffer, frisch gemahlen
2,5 g Macispulver
2,5 g Ingwerpulver
5–6 g Majoran, fein zerrieben
2,5 g Piment, frisch gemahlen
1,2 kg Schweineleber
90 g Kochsalz

Schweinenacken, -bauch und Speck sowie die Schwarten zusammen in Wasser etwa 20–30 Minuten vorkochen. Dann die Schwarten entfernen, in Stücke schneiden, wieder in den Kochsud geben und gänzlich weich kochen lassen. Die Zwiebeln schälen, hacken und in der Butter glasig dünsten.

In der Zwischenzeit das vorgekochte Fleisch würfeln und durch die 2-mm-Scheibe des Fleischwolfs drehen, in eine ausreichend große Schüssel füllen und mit Pfeffer, Macis, Ingwer, Majoran und Piment vermischen, die Masse anschließend kühl stellen.

Die weichen Schwarten abtropfen lassen und zusammen mit den Zwiebeln durch die 2-mm-Scheibe des Fleischwolfs drehen. Die Schwartenmasse unter die Fleischmasse mischen.

Die Leber in grobe Stücke schneiden, mit dem Salz vermischen und zweimal (!) durch die 2-mm-Scheibe des Fleischwolfs drehen, anschließend mit der Fleischmasse homogen vermischen und dabei auf eine möglichst gute Bindung achten.

Die Masse nochmals abschmecken, dann in sterile und warm ausgeschwenkte Gläser füllen (Freiraum zum Deckel nicht vergessen), die Oberfläche glatt streichen, gut verschließen und 70–75 Minuten bei 100 °C einkochen. Gut gekühlt lagern.

Wer auf die schöne Farbe industriell hergestellter Leberwurst nicht verzichten will, der nimmt statt dem Kochsalz ein Nitritpökelsalz und gibt 1 g Farbstabilisator pro kg Fleischmasse dazu. Man kann die Zutaten (ohne Farbstabilisator) auch gut gekühlt in den Cutter geben und zu einer ganz besonders feinen und homogenen Masse zerkleinern (die Masse sollte nach dem Cuttern aber nicht mehr als 24 °C haben – daher die Zutaten wirklich sehr gut gekühlt cuttern!). Nach Zugabe des Farbstabilisators wird dann bei 80 °C etwa 60 Minuten lang eingekocht. In lauwarmem Wasser auskühlen lassen, danach kühl lagern.

TIPP! Faustregel

2 g Pfeffer pro kg Leberwurstmasse; wer es scharf mag, nimmt etwas mehr.

FEINE TRÜFFEL-LEBERWURST

600 g Schweineschulter
900 g Kalbsschulter
2 kg gut durchwachsener Schweinebauch
1,5 kg frische Schweineleber
4–6 Schalotten
4–6 Knoblauchzehen
75 g Butter
90 g Meersalz
20–40 g frische Périgord-Trüffeln (ich nehme auch gern etwas mehr)
10 g weißer Pfeffer, frisch gemahlen
3–5 g Muskatblüte oder auch Muskatnuss, frisch gerieben
3 g Ingwer (nach Belieben)

Die Schweine- und Kalbsschulter zusammen mit dem Schweinebauch in einen Kessel geben und in siedendem Wasser gut durchbrühen (ca. 30 Minuten, bis das Fleisch innen nicht mehr rot ist). In einem zweiten Topf die parierte (gesäuberte) und in Streifen geschnittene Schweineleber in leicht siedendem Wasser kurz überbrühen.

In der Zwischenzeit auch die geschälten und in kleine Würfel geschnittenen Schalotten und Knoblauchzehen in der Butter leicht schmoren lassen.

Die gekochte Schweine- und Kalbsschulter sowie den Schweinebauch von Schwarten und Sehnen befreien und durch die feine 2-mm-Scheibe des Fleischwolfs drehen.

Die überbrühte Leber mit den Schalotten, dem Knoblauch und dem Salz vermischen und zweimal durch die feine Scheibe des Fleischwolfs drehen. Sämtliches Fleisch und die Lebermasse in einer Schüssel gut miteinander vermengen.

Die Périgord-Trüffeln in sehr kleine Würfelchen schneiden und mit den Gewürzen zur Leberwurstmasse geben. Nochmals gut vermischen und auf eine gute Bindung der Masse achten.

Die sterilen Gläser kurz warm abspülen, zu höchstens 3/4 befüllen und die Oberfläche glatt streichen. Die Gläser gut verschließen, in den Einkochkessel geben und bei 100 °C 70 Minuten einkochen (oder auch bei 80 °C etwas mehr als 1,5 Stunden einkochen).

In lauwarmem Wasser auskühlen lassen und kühl lagern.

DELIKATE ZUNGENLEBERWURST

1 kg frische Schweineleber
1 kg Schweine- oder Kalbszungen (frisch oder auch gepökelt)
1,5 kg magere Schweineschulter
1,5 kg Schweinebacken
3–4 (große) Zwiebeln
50 g Butter oder Schmalz
90 g Salz
10 g weißer Pfeffer, frisch gemahlen
5 g Majoran
2,5 g Thymian
2,5 g Muskatnuss, frisch gemahlen
1 g Nelkenpulver

Die Leber gut wässern.

Die Zungen in leicht gesalzenem Wasser garen (sie sollten zwar gar gekocht, aber nicht weich, sondern schnittfest sein). Nach dem Kochen die Zungen kalt abschrecken, häuten und in knapp 1 cm große Würfel schneiden.

Die Schweineschulter und die Schweinebacken in der Zwischenzeit grob würfeln und in siedendem Wasser gut überkochen (Kochsud aufbewahren), danach von Schwarte und Sehnen befreien und durch die 2-mm-Scheibe des Fleischwolfs drehen.

Die geschälten und klein gewürfelten Zwiebeln in Butter oder Schmalz glasig dünsten, die gewässerte Leber säubern und in Streifen schneiden. Danach die Leber mit Zwiebeln und Salz vermischt zweimal durch die feine Scheibe des Fleischwolfs drehen.

Die Zungenwürfel mit den Gewürzen und der Fleischmasse vermischen und kräftig vermengen, bis eine gute Bindung zu erkennen ist (wenn die Masse gefühlsmäßig zu trocken ist, etwas vom zurückbehaltenen Kochsud dazugeben).

Die Leberwurst in sterile Gläser füllen, genügend Abstand zum Rand lassen, die Gläser gut verschließen und im Einkochkessel 75 Minuten bei 100 °C garen.

In lauwarmem Wasser auskühlen lassen und kühl lagern.

Frische Schweinezunge

GUTSHOF-BLUTWURST

Zutaten für ca. 50 Gläser (à 200 ml)

4 kg Schweineschulter
3 kg frischer Schweinebauch
400–500 g Schweineschwarten
1 kg frische Schweineleber
150 g Salz
30 g schwarzer Pfeffer, frisch gemahlen
20 g Majoran
10 g Piment, frisch gemahlen
5 g Muskatnuss oder Macis, gemahlen
3–4 g Nelkenpulver
600 g Zwiebeln
100 g Butter
1 l gesalzenes Schweineblut (beim Fleischer vorbestellen)

Schweineschulter und -bauch kurz überbrühen, dann den Schweinebauch durch die 2-mm-Scheibe des Fleischwolfs drehen und in eine große Schüssel füllen. Die Schweineschulter in kleine Würfel schneiden und dazugeben.

Die Schweineschwarten in Wasser gar sieden (nicht zu weich kochen).

In der Zwischenzeit die Schweineleber in heißem Wasser kurz überbrühen, danach in kleine Würfel schneiden und samt dem Salz und den Gewürzen mit dem Fleisch in der Schüssel vermischen.

Die Zwiebeln schälen, hacken und in Butter glasig dünsten, danach mit den gegarten Schwarten durch die feine Scheibe des Fleischwolfs drehen.

Das Blut in einem Wasserbad handwarm werden lassen, danach mit den übrigen Zutaten vermengen. Die Wurstmasse noch einmal herzhaft abschmecken.

Die Blutwurstmasse nur maximal 2/3 voll in sterile und heiß ausgespülte Gläser füllen, genügend Abstand zum Rand lassen, damit sich die Wurstmasse beim Kochen ausdehnen kann. Die Gläser verschließen und im Einkochkessel bei 100 °C 70 Minuten einkochen.

In handwarmem Wasser auskühlen lassen und anschließend kühl lagern.

Auch beim Einfüllen von Blutwurst immer genügend Abstand zum Rand lassen.

Fertig eingekochte Blutwurst: Der Abstand zum Rand ist kleiner geworden, weil sich die Masse beim Kochen ausgedehnt hat.

URIGE BAUERNBLUTWURST

- 1 kg frische Schwarten, 1 Stunde in kaltem Wasser gewässert
- 2 kg Schweinenacken
- 1 kg Bauchspeck
- 2–3 große Zwiebeln, halbiert und an den Schnittflächen kräftig angebräunt
- 1,5 l frisches, gesiebtes Schweineblut (beim Fleischer bestellen), man kann aber auch gesalzenes Blut nehmen
- 5–6 g Majoran (gern ein bisschen mehr)
- 4 g Piment, frisch gemahlen (oder Muskatnuss)
- 1–2 g Lorbeerpulver
- 5–8 g Pfeffer, frisch gemahlen (gern ein bisschen mehr)
- 100 g Salz (wenn man gesalzenes Blut nimmt, nur 80 g Salz nehmen)
- 500 ml Kochsud (ergibt sich bei der Herstellung)

Die Schwarten in einen großen Topf füllen und mit kaltem Wasser aufgießen.

Auf den Herd stellen und aufkochen lassen, abschäumen, dann salzen und das Fleisch sowie den Speck im Ganzen und die angebräunten Zwiebeln dazugeben. Langsam 1–1,5 Stunden kochen lassen, den Kochsud aufbewahren.

Wenn die Schwarten weich sind (sie sollten aber nicht zu weich sein), diese herausnehmen und die Hälfte sofort zweimal durch die 3-mm-Scheibe des Fleischwolfs drehen, danach sofort in einer Schüssel mit dem Blut (es sollte handwarm sein, am besten im Wasserbad unter ständigem Rühren erwärmen) vermischen.

Die andere Hälfte der Schwarten, den Speck und das Fleisch in eher kleine Stückchen schneiden und miteinander vermischen (das Fleisch kann man auch durch die mittlere Scheibe des Fleischwolfs drehen, wenn es feiner werden soll).

Die Fleischmasse 15–20 Minuten stehen lassen, danach mit der Blutmasse verrühren. Beim Vermischen die Gewürze einarbeiten und salzen. Zuletzt 500 ml vom Kochsud abmessen, durch ein Sieb zur Blutwurstmasse gießen und gut untermischen.

Die Wurstmasse vor dem Einfüllen in die Gläser nochmals 10–15 Minuten kühl rasten lassen, damit sie etwas ausdünsten kann. Danach nochmals feinwürzig abschmecken.

Die zu 2/3 (bis maximal 4 cm unter den Rand) gefüllten Gläser gut verschließen, sofort in den mit kaltem Wasser gefüllten Einkochtopf stellen und aufkochen lassen. Wenn die Gartemperatur von 100 °C erreicht ist, 120 Minuten einkochen. Die Gläser in lauwarmem Wasser abkühlen lassen und sofort kühl stellen.

TIPP! Glasgröße

Die Gläser sollten 200 bis maximal 400 ml Inhalt fassen.

GEPFEFFERTE ZUNGENWURST MIT HERZ

Zutaten für ca. 25 Gläser (à 200 ml)

500 g Schweinezunge (frisch oder gepökelt)
500 g Schweineherz (frisch oder gepökelt)
500 g Schweinebauch
1 kg frischer Rückenspeck
1 kg Schweineschwarten
500 ml Kochsud
1 l gesalzenes Schweineblut (beim Fleischer vorbestellen)
80 g Salz
15 g schwarzer Pfeffer aus der Mühle
5 g weißer Pfeffer aus der Mühle
5 g Piment, frisch gemahlen

Schweinezunge und -herz wässern, säubern und zusammen mit dem Schweinebauch jeweils bissfest garen (auf die unterschiedlichen Garzeiten achten!), den Kochsud aufbewahren.

Anschließend die Zunge häuten und in 1 cm große Würfel schneiden, Herz und Fleisch durch die 2-mm-Scheibe des Fleischwolfs drehen. Den Rückenspeck entschwarten und in 1 cm große Würfel schneiden, diese in siedendem Wasser nur so lange kochen, dass sie sich noch kernig anfühlen.

Zwischenzeitlich die Schweineschwarten nicht zu weich garen.

Den Kochsud von Zunge, Herz und Fleisch filtern und die notwendige Menge (500 ml) abmessen, handwarm mit dem Blut verrühren, dann sämtliches Fleisch, das Salz und die Gewürze einarbeiten.

Die Schwarten noch möglichst heiß zweimal durch die feine Scheibe des Fleischwolfs drehen und sofort unter die übrigen Zutaten mischen.

Die Blutwurstmasse in sterile und heiß ausgeschwemmte Gläser füllen (Abstand zum Rand lassen). Die Oberfläche glatt streichen, die Gläser verschließen und bei 100 °C 80 Minuten einkochen.

In lauwarmem Wasser abkühlen lassen und anschließend gekühlt lagern.

GEWÜRZVARIANTE FÜR ZUNGENWURST

Anstatt der im vorigen Rezept angegebenen Gewürze kann man auch diese Variante wählen, die übrigen Zutaten und Zubereitung wie oben beschrieben:

200 g gehackte Zwiebeln (in Schmalz hell gedünstet; werden mit den heißen Schwarten durch den Fleischwolf gedreht)
12–15 g Majoran
15 g schwarzer Pfeffer aus der Mühle
4 g Nelkenpulver
2–3 g Muskatnuss, frisch gerieben

METTWURST-REZEPTE

Wie bereits erwähnt, sind Mettwürste eigentlich Rohwürste. Zum Thema dieses Buchs über eingekochtes Fleisch passend, habe ich hier einige Rezepte für „gekochte Mettwurst" angeführt. Um eine Top-Qualität zu erzeugen, sollten Sie sich möglichst genau an die angegebene Technik der jeweiligen Rezeptur halten – würzen können Sie natürlich nach eigenem Geschmack.

GEKOCHTE METTWURST

Zutaten für ca. 25 Gläser (à 200 ml)

3 kg magerer Schweinebauch (ohne Schwarte und Sehnen)
2 kg sehr fetter Schweinebauch (ohne Schwarte und Sehnen)
20 g Pfeffer, frisch gemahlen
10 g Macis, gemahlen (oder Muskatnuss)
100 g Salz

Das gesamte Fleisch in Stücke schneiden und mit den Gewürzen vermischen.

Danach alles durch die 3-mm-Scheibe des Fleischwolfs drehen und anschließend leicht durchmischen – hier sollte keine allzu große Bindung entstehen.

Die Wurstmasse in sterile und heiß ausgeschwemmte Gläser füllen (Abstand zum Rand lassen). Die Oberfläche glatt streichen, die Gläser verschließen und bei 80 °C 80 Minuten einkochen.

In lauwarmem Wasser abkühlen lassen und anschließend gekühlt lagern.

Anmerkung
Ich würze die Wurstmasse auch gerne mit 12 gepressten und in Schmalz gedünsteten Knoblauchzehen und/oder 1–2 EL geschrotetem Kümmel.

WICHTIG! Auf Frische achten

Für diese Wurstspezialität sollten die Schweinebäuche immer sehr frisch und gut gekühlt sein!

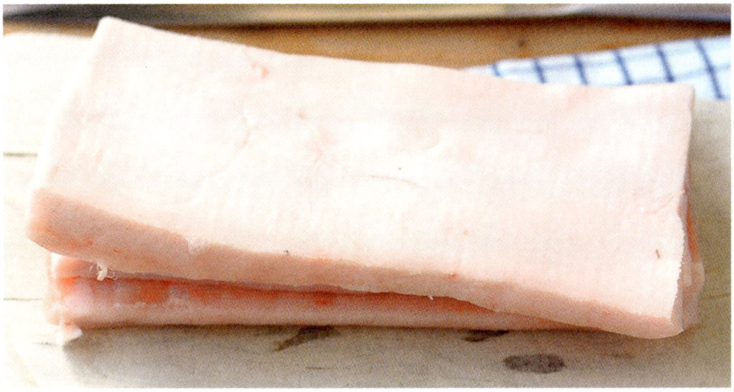

Eine weitere Zutat für viele Rezepte ist Schweinerückenspeck.

GEKOCHTE METTWURST AUS DER EIFEL

Zutaten für 25 Gläser (à 200 ml)

1,2 kg Rindfleisch aus der Hüfte (sauber pariert und ohne Sehnen)
1,4 kg Schweineschulter (ohne Schwarte)
1,4 kg fetter Schweinebauch
15–20 g schwarzer Pfeffer, frisch gemahlen
8 g Macis
5 g Piment, gemahlen
80 g Salz

Sämtliches Fleisch in Stücke schneiden, mit den Gewürzen vermischen (ich würze zusätzlich mit etwas Lorbeerpulver) und durch die 3-mm-Scheibe des Fleischwolfs treiben. Die Wurstmasse nur leicht durchmischen, so dass keine komplette Bindung entsteht.

Die Wurstmasse in sterile und heiß ausgeschwemmte Gläser füllen (Abstand zum Rand lassen). Die Oberfläche glatt streichen, die Gläser verschließen und bei 80 °C 80 Minuten einkochen.

In lauwarmem Wasser abkühlen lassen und anschließend gekühlt lagern.

BAUERN-ZWIEBELWURST

3,2 kg nicht zu fetter Schweinebauch
1 kg Schweineschulter
800 g Zwiebeln
4–8 Knoblauchzehen (nach Belieben)
80 g Butter oder Schweineschmalz
100 g Salz
15–20 g weißer Pfeffer aus der Mühle
2–3 g Koriander, gemahlen
2–3 g Kreuzkümmel, frisch gestoßen (nach Belieben)

Schweinebauch und Schweineschulter leicht ankochen (etwa 30 Minuten), danach in grobe Stücke schneiden.

Zwiebeln und Knoblauch schälen, fein würfeln und in Butter oder Schweineschmalz glasig dünsten.

Das Fleisch und das Zwiebel-Knoblauch-Gemisch mit Salz und den Gewürzen vermischen und durch die 2-mm-Scheibe des Fleischwolfs drehen. Anschließend gut durchmischen und nochmals herzhaft abschmecken.

Die Zwiebelwurstmasse in sterile und heiß ausgeschwemmte Gläser füllen (Abstand zum Rand lassen). Die Oberfläche glatt streichen, die Gläser verschließen und bei 100 °C 70 Minuten einkochen.

In lauwarmem Wasser abkühlen lassen und anschließend gekühlt lagern.

GEWÜRZVARIANTE FÜR BAUERN-ZWIEBELWURST

Anstatt der im vorigen Rezept angegebenen Gewürze kann man auch diese Mischung verwenden; Zutaten und Zubereitung wie oben:

15–20 g Pfeffer aus der Mühle
3–6 g Kümmel, gemahlen oder geschrotet
3 g Muskatnuss (nach Belieben)

Bauern-Zwiebelwurst oder „Pâté Rustique“

ZWIEBELMETTWURST

Dieses einfache Rezept macht nicht viel Mühe und schmeckt trotzdem sehr gut!

Zutaten für 10 Gläser (à 500 ml)

4 kg frisches Schweinefaschiertes (nicht zu mager)
12 große Zwiebeln
12 Knoblauchzehen
Kümmel nach Geschmack
schwarzer Pfeffer
2,5 EL Nitritpökelsalz (ausnahmsweise!)
evtl. zusätzliches Salz

Das Faschierte mit feinst gehackten frischen Zwiebeln und gepressten Knoblauchzehen (wegen der folgenden langen Kochzeit müssen sie nicht vorgegart werden) vermischen und wenn gewünscht mit Kümmel würzen.

Mit Pfeffer und Nitritpökelsalz locker vermischen (Masse nicht auf Bindung mischen!) und evtl. noch etwas Salz dazugeben (wird aber nicht unbedingt notwendig sein – einfach abschmecken).

Die Wurstmasse in Gläser abfüllen (nicht gänzlich anfüllen) und 3 Stunden bei 90 °C einkochen. Im Einkochwasser abkühlen lassen, anschließend kühl lagern.

Lange Haltbarkeit (ca. 12 Monate)!

Anmerkung
Ist das Schweinefaschierte zu mager, so sollte man nur 3,5 kg davon nehmen und 500 g reinen Rückenspeck durch den Fleischwolf treiben und zum Fleisch mischen. Als Variante kann man Röstzwiebelmettwurst herstellen: Statt der Zwiebeln und des Knoblauchs 500 g Röstzwiebeln (in Schmalz gebräunt) verwenden, übrige Zutaten und Zubereitung wie oben.

GEFLÜGEL-GEMÜSE-WURST

ca. 50 Einmachgläser mit 200 g Inhalt und Schraubdeckel

700 g Hühnerfleisch (Brust und Keule gemischt) ohne Haut und Knochen
400–500 g magere Schweineschulter entschwartet
250 g fetter Speck
4–5 Zwiebeln
3–4 Knoblauchzehen
100 g Butter
2 EL Meersalz
weißer Pfeffer aus der Mühle
Macis nach Geschmack
500 g frisches Gartengemüse, mit Küchengeräten geputzt
2 Eier
300 ml Obers/Sahne

Das Fleisch- und Speckmaterial in kleine Würfel schneiden. Zwiebeln und Knoblauch schälen, hacken und in der Butter glasig dünsten.

Fleisch, Speck, Zwiebeln und Knoblauch mischen und durch die 2-mm-Scheibe wolfen. Dann die Masse mit dem Salz vermischen und mit den Gewürzen herzhaft abschmecken.

Das geputzte Gemüse klein würfeln oder in der Moulinette hacken. Ebenfalls würzen und mit Ei und Sahne anschließend unter die Fleischmasse heben.

Die Gläser kurz in heißes Wasser tauchen, dann mit der Wurstmasse befüllen – die Oberfläche glatt streichen und darauf achten, dass zwischen Wurst und Deckelrand ein Abstand bleibt, damit sich die Masse beim Kochen ausdehnen kann.

Die Gläser verschließen, darauf achten, dass der Rand sauber bleibt. Bei 100 °C im Einkochkessel ca. 60 Minuten kochen, dann in handwarmem Wasser abkühlen lassen.

Die Gläser sind im Kühlschrank ca. 4–6 Monate haltbar, im Keller gute 3 Monate.

Knoblauch trägt zur Geschmacksabrundung bei.

HESSISCHE KÜMMELWURST IM GLAS

ca. 50 Einmachgläser à 200 g mit Schraubdeckel

6 kg frischer Schweinebauch
6 Zwiebeln
1–2 EL Schmalz
100 g Meersalz
10 g Nitritpökelsalz (ausnahmsweise)
12 g Pfeffer aus der Mühle
6–8 g Kümmel
6–8 g Muskatnuss, frisch gerieben

Den Schweinebauch entschwarten, entsehnen und von Knorpeln befreien. Danach das Fleisch in grobe Würfel schneiden.

Die Zwiebeln klein hacken und in etwas Schmalz hellgelb braten.

Das Fleisch mit Salz, Nitritpökelsalz und Zwiebeln sowie Gewürzen vermischen. Material durch die 6- oder 8-mm-Scheibe wolfen und anschließend gut durchmischen.

Die Gläser in heißes Wasser tauchen, die Masse einfüllen und dabei darauf achten, dass man einen Abstand zum Deckelrand lässt, da sich die Wurstmasse beim Kochen ausdehnen wird. Gläserrand säubern und alles gut verschließen.

Die Wurst im Einkochkessel bei 100 °C gut 70 Minuten einkochen, danach die Gläser in handwarmem Wasser auskühlen lassen. Im Kühlschrank aufbewahrt hält sich die Wurst gut 3–4 Monate.

Anmerkung

Wenn man die Wurst statt mit Kümmel mit einer Mischung aus Nelkenpulver, Anis, Fenchel, Knoblauchpulver und Zimt würzt, erhält man eine sehr aromatische Variante – alternativ könnte man auch den Kümmel durch Kreuzkümmel ersetzen und der Wurst ein wenig Oregano zufügen, um eine mediterrane Note zu erzielen.

SARDELLENLEBERWURST AUF MEDITERRANE ART

Anchovis sind eingelegte und bis zu 2 Jahre gereifte Sardellen, die in der mediterranen Küche sehr oft als Gewürz verwendet werden und Speisen ein ganz besonderes Aroma verleihen. Da Anchovis stark gesalzen sind, muss man mit der Salzzugabe sparsam sein.

Schweineschulter und Schweinenacken in Stücke schneiden und in siedendem Wasser kurz kochen, danach durch die 2-mm-Scheibe des Fleischwolfs drehen.

Die Schweineleber in heißem Wasser kurz überbrühen, danach in grobe Würfel schneiden und mit dem Salz vermengt zweimal durch die 2-mm-Scheibe des Fleischwolfs drehen.

Den Speck klein würfeln und die abgespülten Anchovis sehr fein hacken.

Alles in eine große Schüssel füllen und mit den Gewürzen gut vermengen, bis die Masse bindet – man kann auch noch etwas Kochsud vom Fleisch dazugeben.

Die Leberwurstmasse in sterile und kurz ausgespülte Gläser füllen (nicht ganz bis zum Rand füllen, damit sich die Wurst beim Garen ausdehnen kann), verschließen und im Einkochkessel bei 98 °C 75 Minuten einkochen. In lauwarmem Wasser auskühlen lassen und kühl lagern.

Wenn man die erste Gewürzmischung wählt, dann kann man die Leberwurstmasse zusätzlich mit klein gehackten Oliven (grün oder schwarz) sowie kleinen, grob gehackten Salzkapern (gut gewaschen) anreichern und erhält so einen ganz besonders aromatischen Aufstrich. Die Masse für diese Leberwurst kann man zusätzlich mit 4–5 klein gehackten und in Schmalz gedünsteten Knoblauchzehen aromatisieren.

Anmerkung
Anstatt der oben angegebenen Gewürze kann man für die Sardellenleberwurst auch die hier angegebenen Gewürze verwenden:
5 g Majoran
3 g Muskatnuss, frisch gemahlen
3 g Ingwer

2 kg Schweineschulter
1 kg Schweinenacken
1,2 kg Schweineleber
70 g Meersalz
800 g Schweinerückenspeck
100 g Anchovis

Gewürze
12 g schwarzer Pfeffer, frisch gemahlen
5–6 g Oregano
2 g Thymian
1,5–2 g Kreuzkümmel, frisch gemörsert
2 g Muskatnuss, frisch gerieben (oder ½ EL gehackte Rosmarinnadeln)

Sardellenleberwurst auf mediterrane Art

Feine Aufstriche (Rezepte ab S. 130)

DIVERSE WURSTWAREN IM GLAS & FEINE AUFSTRICHE

GRUNDSÄTZLICHES

In diesem Kapitel behandeln wir nun klassische Wurstwaren im Glas und vor allem feine (rustikale) Fleischaufstriche, die von einer geschmacklichen Vielfalt geprägt sind, wie sie nur bei hausgemachten Köstlichkeiten gegeben ist. Natürlich ist das mitunter mit einem gewissen Arbeitsaufwand verbunden, dafür hat man aber ein schmackhaftes Lebensmittel aus hochwertigsten Zutaten, das von einer überragenden Qualität zeugt, wie sie von industriell konfektionierter Ware kaum geboten werden kann.

Im Handel erhältliche Wurstwaren haben oft eine wenig differente Würze und sind meist viel zu salzig. Auch das in Industrieware viel zu intensiv eingesetzte Nitritpökelsalz übertüncht so manchen guten Eigengeschmack und lässt Handelsware ziemlich gleich schmecken – allein das ist schon Grund genug, Wurstwaren im Glas selbst zu produzieren.

FLEISCHWURST, AUFSTRICHE & CO.

Zu dieser Gruppe von Wurstwaren im Glas gehören grundsätzlich alle Rezepte, deren Grundlage Wurstmasse (auch Brät oder Brat genannt) ist, aber auch Fleischwürste, Sonderformen von Rillettes, insbesondere solche, die nicht nach traditionellem französischen Handwerk hergestellt werden. Weiterhin verschiedene Aufstriche, die meist (zur Verbesserung des Geschmacks und der Konsistenz) Leber enthalten. Es handelt sich also primär um abgewandelte Klassiker und Sonderformen verschiedener Wurstwaren.

REZEPTE

BRATWURST IM GLAS

Unter dem Begriff „Bratwurst" versteht man hier nicht eine Wurst, die „gebraten" wird, sondern eine, die aus so genanntem „Brät" (Wurstbrät, damit ist die Wurstmasse bzw. Farce gemeint) besteht. Man kann diese Wurst aus faschiertem Schweinefleisch (rohes, durch den Fleischwolf gedrehtes Fleisch) zubereiten oder aus grobem Schweinemett (rohes, gecuttertes Schweinefleisch), das man selbst hergestellt hat oder auch beim Fleischer gekauft hat.

Zutaten für 18–20 Gläser (à 200 ml)

3 kg Faschiertes oder Mett aus Schweinefleisch (nicht zu mager)
6–7 EL Majoran
1 TL Muskatnuss, frisch gerieben
1 EL schwarzer Pfeffer, frisch gemahlen
1 EL weißer Pfeffer, frisch gemahlen
1 TL Kardamom, gemahlen
1 TL Ascorbinsäure (in der Apotheke erhältlich)
50 g Salz

Alle Zutaten in gut gekühltem Zustand in eine ausreichend große Schüssel geben und 5 Minuten kneten, bis eine klebrige Masse entsteht, die eine gute Bindung zeigt. Die sterilen und ausgekochten Gläser (hier empfehle ich Schraubgläser) zu etwa 3/4 mit der Masse füllen und diese gut festdrücken.

Die Oberfläche glatt streichen und die Gläser verschließen.

Zwei tiefe Backbleche mit Geschirrtüchern auslegen, mit Wasser befüllen und die Gläser hineinstellen (das Wasser sollte bis zum Rand des Backblechs stehen), in den Backofen stellen und die Temperatur auf 150 °C einstellen. 1,5 Stunden garen und dabei gleichzeitig einkochen. Die Gläser im Backofen auskühlen lassen und anschließend im Kühlschrank lagern (so ist die Wurst sicher 4–6 Monate haltbar).

KNOBLAUCHWURST

Zutaten für 18–20 Schraubgläser (à 200 ml)

3 kg frisches, eher fettes Schweinemett (oder Faschiertes)
10–20 frische Knoblauchzehen
1 EL schwarzer Pfeffer, frisch gemahlen
50 g Salz

Schweinemett oder Faschiertes in eine Schüssel füllen, Knoblauch schälen und durch eine Knoblauchpresse drücken, alle Zutaten zum Fleisch geben und 5 Minuten kneten, bis die Masse klebrig wird und eine deutliche Bindung zeigt.

Die sterilen und ausgekochten Gläser zu etwa 3/4 mit der Masse füllen und diese gut festdrücken. Die Oberfläche glatt streichen und die Gläser verschließen.

Zwei tiefe Backbleche oder Bratformen mit Geschirrtüchern auslegen, mit Wasser befüllen und die Gläser hineinstellen (das Wasser sollte bis zum Rand des Backblechs stehen), in den Backofen stellen und die Temperatur auf 150 °C einstellen. 1,5 Stunden garen und dabei gleichzeitig einkochen.

Die Gläser im Backofen auskühlen lassen und anschließend im Kühlschrank lagern (so ist die Wurst sicher 4–6 Monate haltbar).

Herstellung von Knoblauchwurst

Schweinemett oder Faschiertes mit gepresstem Knoblauch …

… und den Gewürzen gut verkneten.

Masse in sterile Gläser füllen.

Gläser in Bratform auf ein Geschirrtuch stellen, Wasser …

… hinzufügen und in den Ofen stellen.

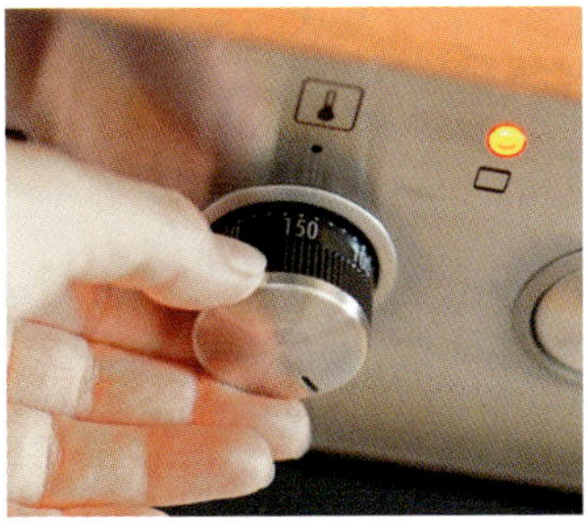

Bei 150 °C 1,5 Stunden garen.

Knoblauchwurst schmeckt als Aufstrich sowohl auf Weiß- als auch auf Schwarzbrot.

FLEISCHWURST IM GLAS

3 kg fettes Schweinefleisch
2 kg derbes, saftiges Ochsenfleisch
1 kg Kalbfleisch (Schulter oder Bauch)
24 g Salpeter
Salz (nach Geschmack)
Pfeffer aus der Mühle
etwas kräftige Fleischbrühe (Menge nach Bedarf)
Schweineschmalz

Schweinefleisch, Ochsenfleisch und Kalbfleisch roh zweimal durch die 2- oder 3-mm-Scheibe des Fleischwolfs treiben, danach mit Salpeter vermengen und nach Geschmack mit Salz und Pfeffer würzen. Die Masse 24 Stunden kühl stellen, damit das Fleisch umröten kann.

Die Fleischmasse mit etwas Brühe verrühren, bis die Masse eine deutliche Bindung zeigt, dann in mit Schmalz eingefettete (sterile) Gläser füllen (einen 1–2 cm breiten Rand belassen), die Oberfläche glatt streichen und 2 Stunden bei 100 °C im Einkochtopf einkochen.

Langsam abkühlen lassen, danach kühl lagern.

HAUSGEMACHTES JAUSENFLEISCH (VESPERFLEISCH)

Ein sehr einfaches Rezept, das einmal nicht im Einkochkessel zubereitet wird (auch wenn man das natürlich machen kann), sondern im Wasserbad im Backofen.

Zutaten für ca. 12 Gläser (à 400 ml)

2 kg fleischige hintere Schweinehaxe
2 kg Schweinebauch
4 l Fleischbrühe (wenn keine vorhanden ist, Suppenwürfel nehmen)
1 großer Bund Suppengemüse (Karotte, Gelbe Rübe, Sellerie, Lauch)
2–3 große Zwiebeln, halbiert
4–6 Lorbeerblätter
200 g Schwarten
1,5–2 kg Schweinekamm
2–6 Knoblauchzehen, mit etwas Salz zerdrückt und in etwas Schmalz gedünstet
7–10 g schwarzer Pfeffer, frisch gemahlen
8 g Nitritpökelsalz (für die Farbe)
25 g Salz

Die Stelzen entschwarten, dann das Fleisch vom Knochen lösen und möglichst sauber parieren. Den Schweinebauch ebenfalls entschwarten und die Knorpel entfernen.

Die Fleischbrühe aufkochen, das grob geschnittene Suppengemüse, die halbierten Zwiebeln und die Lorbeerblätter dazugeben, die ausgelösten Stelzenknochen hinzufügen und 2 Stunden köcheln lassen, danach auch die Schwarten hinzugeben und 40 Minuten (nicht zu weich) kochen.

Das Stelzenfleisch, den Schweinekamm und den Schweinebauch in gleichmäßige, 2 cm große Würfel schneiden.

Die noch heißen Schwarten zusammen mit dem Knoblauch zweimal durch die 2-mm-Scheibe des Fleischwolfs drehen, danach mit dem rohen Fleisch vermischen und die restlichen vorgesehenen Gewürze untermengen.

Die Fleischmasse bis ca. 3–4 cm unter den Rand in Sturzgläser füllen und den heißen Kochsud durch ein Sieb darübergießen (Gläser nicht zu voll machen!). Mit einem Messer zwischen das Fleisch stechen, damit sich der Sud auch zwischen den Fleischstücken verteilen kann. Das Fleisch sollte knapp mit Sud bedeckt sein (aber bitte auf den Leerraum zum Deckel achten!), danach die Gläser gut verschließen.

Tiefe Backbleche (man wird zwei brauchen) mit Küchentüchern auslegen und einige Zentimeter hoch mit 80 °C warmem

Wasser befüllen. Die Gläser hineinstellen und in den Ofen geben. 140 °C Temperatur einstellen und diese sofort auf 100 °C zurückdrehen, wenn es in den Gläsern zu „blubbern“ beginnt, und das Fleisch 1,5–2 Stunden garen lassen. Danach den Ofen ausschalten und die Gläser noch 30 Minuten darin stehen lassen. Die abgekühlten Gläser bei Zimmertemperatur vollkommen auskühlen lassen, danach im Kühlschrank (oder Keller) lagern.

Vor Gebrauch mindestens 2–3 Wochen reifen lassen.

Anmerkung
Wahlweise kann man noch Majoran, Lorbeerpulver, Kümmel, gemahlenen Piment, fein gestoßene Wacholderbeeren und andere Gewürze nach Geschmack dazugeben.

PANNONISCHER LAMMLEBERAUFSTRICH

Dieses Rezept stammt von Gerhard Windholz (einem Gastronomen in Neusiedl am See), der hierfür Bauchfleisch vom Mangalitza-Schwein nimmt – ist dies nicht erhältlich, kann man ersatzweise auch normalen Schweinebauch und Schweinegoder (50 : 50) nehmen.

1 kg frisches Bauchfleisch vom Mangalitza
1 kg frische Lammleber
2 große Zwiebeln
4 Knoblauchzehen
Schweineschmalz nach Bedarf (Gerhard Windholz nimmt Mangalitza-Schweineschmalz)
1–2 EL Majoran oder Bohnenkraut
1–2 EL Honig
schwarzer Pfeffer aus der Mühle
Salz

Das Bauchfleisch 1 Stunde bei 160 °C im Ofen braten.

Die Lammleber zuputzen und grob schneiden, die gehackten Zwiebeln und Knoblauchzehen in etwas Schmalz glasig dünsten, dann die Leber darin rosa braten.

Das gebratene Fleisch grob würfeln und durch die 3-mm-Scheibe des Fleischwolfs drehen, das Leber-Zwiebel-Gemisch zweimal durch die 2-mm-Scheibe drehen, mit dem Fleisch vermischen, diese Masse gut durchkneten und nach Geschmack würzen.

In Gläser füllen (Leerraum belassen), die Oberfläche glatt streichen, etwas Schmalz daraufgeben und gut verschlossen 60 Minuten bei 80 °C einkochen. In lauwarmem Wasser abkühlen lassen, danach kühl und trocken lagern (Haltbarkeit ca. 3 Monate).

Rezeptfoto siehe nächste Seite.

Anmerkung
Man kann den Lammleberaufstrich auch mit Rosmarin und fein abgeriebener Zitronenschale würzen oder auch mit Zimt, Nelke, Piment und Sternanis, wenn man ein exotisches Aroma erzielen will – der Fantasie sind bei den Gewürzen keine Grenzen gesetzt.

Pannonischer Lammleberaufstrich (Rezept S. 133)

„SCHWARTENMAGEN"

Für diese beliebte rheinländische Wurstspezialität gibt es zwei Grundrezepte: Den „Grauen Schwartenmagen" (ohne Blut) und den so genannten „Roten Schwartenmagen", der mit Blut zubereitet wird, zudem etwas kräftiger gewürzt und meist (industriell immer) mit Nitritpökelsalz und Farbstabilisatoren hergestellt wird, um die rötliche Färbung zu unterstützen/intensivieren (darauf wird hier verzichtet).

Immer wieder wurde darauf hingewiesen, dass man Schwarten nicht zu weich kochen darf, damit sie ihre Bindekraft nicht verlieren. Bei diesem Rezept ist das ausnahmsweise einmal nicht der Fall, denn hier soll keine allzu starke Bindung auftreten, weshalb man die Schwarten weicher kochen kann als sonst üblich. Schwartenmagen kann entweder zart oder auch sehr herzhaft und deftig gewürzt werden, was ich bevorzuge, weil es sich hier um eine rustikale Spezialität handelt.

Zutaten für ca. 25 Sturzgläser (à 200 ml) oder 12 Gläser (à 500 ml)

2 kg Schweinenacken oder -schulter (ohne Sehnen und Knochen)
1 kg magerer Schweinebauch mit Schwarte (ohne Knochen)
1 kg frische Schwarten (entfettet)
2 Zwiebeln
etwas Schmalz oder Butter
2,5–3 g Muskatnuss, frisch gemahlen

Sud

1,5 l Wasser
3–4 Zwiebeln, geschält und geviertelt
2 Stangen Lauch, in dicke Scheiben geschnitten
2 Karotten, in Scheiben geschnitten
5–6 Lorbeerblätter
6–8 Wacholderbeeren
1,5 EL Kochsalz

Gewürze

80 g Salz
1 EL Schweineschmalz oder Butter
1–1,5 g Zitronenpulver
2,5–3 g Ingwer
1,5–2 g Piment, frisch gemahlen
1,5–2 g Kümmel, frisch gemahlen
15–20 g Pfeffer, frisch gemahlen

Zunächst für den Sud das Wasser mit den vorgesehenen Aromagebern und Gewürzen zum Kochen bringen und 5 Minuten durchkochen lassen. Danach das Fleisch (Nacken oder Schulter und den Bauch) hineingeben (alles sollte möglichst gut bedeckt sein, wenn nötig, etwas mehr Wasser dazugeben). Alles bei 85 °C sieden, bis das Fleisch gar ist.

Das Fleisch aus dem Kochsud nehmen und in 2–3 cm große Würfel schneiden (bei kleineren Gläsern eher kleinere Würfel, bei größeren Gläsern kann man größere Würfel schneiden). Das Fleisch in einer Schüssel mit dem Salz und den vorgesehenen Gewürzen vermengen. In der Zwischenzeit die Schweineschwarten im Kochsud kochen, bis sie weich sind.

Die beiden Zwiebeln hacken und in Schmalz oder Butter goldgelb dünsten und diese (zum Schluss) mit etwas Muskatnuss würzen. Die sehr heißen Schwarten zusammen mit den Zwiebeln zweimal durch die 2-mm-Scheibe des Fleischwolfs drehen.

Vom sehr heißen Kochsud 1 l abmessen, diesen durch ein feines Sieb seihen und unter das Schwarten-Zwiebel-Gemisch rühren, danach alles unter das Fleisch mischen, nochmals herzhaft abschmecken. Schwartenmagen in die Sturzgläser füllen, unter dem Glasrand einen ausreichend großen Leerraum freilassen, damit sich die Masse beim Einkochen ausdehnen kann.

Die Oberfläche glatt streichen, die Gläser verschließen und in den mit kaltem Wasser befüllten Einkochkessel stellen.

Aufkochen lassen und die Gläser bei 100 °C einkochen (70 Minuten für die 200-ml-Gläser und 100 Minuten für die 500-ml-Gläser).

Variante „Roter Schwartenmagen“
Zusätzlich 100 g frisches Schweineblut (handwarm!) in den abgemessenen Kochsud rühren und die Masse zusätzlich mit 3–4 g Majoran und 1,5–2 g Nelkenpulver würzig abschmecken.

PUTENFLEISCHAUFSTRICH MIT LEBER

Zutaten für ca. 10 Gläser (à 200 ml)

- **800 g Putenfleisch (ohne Haut und Knochen)**
- **300 g Puten- oder andere Geflügelleber**
- **150 g Toastbrot**
- **300 g geräucherter Bauchspeck**
- **40–50 g Butter**
- **6 Eier**
- **8 cl Portwein**
- **300 ml Obers (36 %)**
- **1 TL Muskatblüte oder Muskatnuss, frisch gerieben (nach Geschmack)**
- **1 TL Kardamom, gemahlen (nach Belieben)**
- **1 EL weißer Pfeffer, frisch gemahlen**
- **1 TL Salz (vorzugsweise Meersalz)**
- **evtl. etwas Mehl zum Binden**

Putenfleisch und Leber klein schneiden, Toastbrot und Speck würfeln. Den Speck in der Butter leicht anbraten, dann das Toastbrot dazugeben und anschließend beides mit dem Putenfleisch und der Leber vermischen.

Die Masse zweimal durch die 2-mm-Scheibe des Fleischwolfs treiben, danach mit den übrigen vorgesehenen Zutaten vermischen und auf eine schöne Bindung achten (wenn nötig, etwas Mehl dazugeben).

Die Masse in sterile und heiß ausgespülte Gläser füllen und unbedingt einen Leerraum zwischen Fleischmasse und Rand lassen.

Putenfleischaufstrich mit Leber schmeckt zu jedem beliebigen Brot.

Die Oberfläche glatt streichen, danach die Gläser in den Einkochtopf stellen, aufkochen lassen und bei 100 °C genau 60 Minuten kochen. Gläser in handwarmem Wasser auskühlen lassen und anschließend im Kühlschrank (!) aufbewahren.

WICHTIG! Haltbarkeit

Aufgrund des verwendeten Toastbrotes (bzw. des eventuell beigemengten Mehls) ist dieser Aufstrich nur sehr begrenzt haltbar!

FEINER HÜHNERLEBERAUFSTRICH

Von diesem beliebten Klassiker gibt es zwei grundsätzliche Varianten: Die erste wird mit Schweineschmalz zubereitet, die zweite mit Butter (oder einem Gemisch aus Butter und Obers oder Crème fraîche oder einem Gemisch aus Obers und QimiQ). Die meisten industriell erzeugten Produkte enthalten Nitritpökelsalz, um dem Aufstrich eine schöne Farbe zu verleihen – es bleibt jedem selbst überlassen, Nitritpökelsalz zu verwenden oder nicht. Nur so viel: Wenn man den Aufstrich nur für den Hausgebrauch herstellt, kann man darauf verzichten, wenn der Aufstrich verkauft werden soll, dann kann man durchaus Nitritpökelsalz dazugeben.

Variante 1

1 kg Hühner- oder Gänseleber (keine Foie gras)
1 Zwiebel
1 kg Butter
etwas Portwein (oder Cognac oder Armagnac)
weißer Pfeffer aus der Mühle
feines Meersalz (oder ein Gemisch aus Kochsalz und Pökelsalz)

Variante 2

1 kg Hühner- oder Gänseleber (keine Foie gras)
2–3 Knoblauchzehen
500 g Butter
etwas Cognac
500 ml QimiQ
1 Prise Muskatnuss, frisch gemahlen
weißer Pfeffer aus der Mühle
feines Meersalz (oder ein Gemisch aus Kochsalz und Pökelsalz)
2–3 EL schwarze Trüffeln, fein gehackt

Die Leber sauber zuputzen und grob schneiden. Die gehackte Zwiebel (bzw. Knoblauchzehen) in etwas Butter hellgelb dünsten, dann die Leber darin rundherum anschwitzen (die Leber sollte innen rosa bleiben), anschließend vom Herd nehmen und mit Portwein (oder Cognac) ablöschen.

Die restliche zimmerwarme Butter schaumig abtreiben (bzw. QimiQ kräftig mit dem Schneebesen durchschlagen und mit der zimmerwarmen Butter vermischen).

Die Leber-Zwiebelmasse durch die 2-mm-Scheibe des Fleischwolfs drehen und mit der Butter (oder Buttermischung) verrühren (am besten mit einem Schneebesen). Anschließend die Masse würzen (und mit Trüffeln verfeinern) und abschmecken.

Die Masse in saubere Gläser füllen (3–4 cm Rand belassen), die Oberfläche glatt streichen und mit Portwein oder Cognac beträufeln. Gut verschlossen im Einkochkessel 1 Stunde bei 80 °C einkochen.

In lauwarmem Wasser abkühlen lassen, dann kühl und lichtgeschützt lagern.

Genießen Sie Hühnerleberaufstrich doch mal mit Toastbrot.

CORNED BEEF, SALT BEEF & PRESSED BEEF

GRUNDLEGENDES

Von diesen – man kann ohne Übertreibung behaupten: weltberühmten – Spezialitäten gibt es zwei große Gruppen: Erstens die originale Version, welche nur aus Rindfleisch besteht, die wahrscheinlich aus Nordosteuropa stammt und insbesondere im angloamerikanischen und südamerikanischen Raum verbreitet ist, und zweitens die deutsche Version, welche zu 80 % aus Rindfleisch und 20 % Aspik/Schwarten besteht. In beiden Fällen handelt es sich aber um zunächst gepökeltes und anschließend gekochtes Rindfleisch. Wird die Pökellake nur mit Salz (also ohne Nitritpökelsalz) angesetzt, so spricht man vom so genannten Salt Beef (Salzfleisch), das aber außerhalb von England so gut wie keine Bedeutung hat.

Das Corned Beef und seine Verwandten sind im Handel zumeist als Vollkonserve in Dosen erhältlich. Besonders hochwertige Varianten gibt es zuweilen auch im Glas, wobei es sich dann jedoch eher um Halbkonserven mit begrenzter Haltbarkeit handelt.

HINWEIS! Varianten

Corned Beef, Salt Beef und Pressed Beef werden zwar üblicherweise aus Rindfleisch hergestellt, doch kann man für diese Zubereitungsart auch das Fleisch von Schafen, Lämmern, Ziegen und sogar Pferden (wenn man das will) verwenden.

CORNED BEEF (GEKÖRNTES RINDFLEISCH)

Auch wenn Corned Beef eine wahre Ikone der New Yorker Sandwich-Kultur geworden ist, so stammt es dennoch weder aus den USA noch aus Argentinien, wie so häufig falsch angenommen wird. Zwar haben mittlerweile einige der bedeutendsten Corned-Beef-Hersteller ihren Sitz in Südamerika – aufgrund der riesigen Rinderherden –, doch die Rezeptur für das schmackhafte Fleisch stammt entweder aus Osteuropa oder auch aus Irland; da sind sich auch Experten nicht ganz einig. Auf jeden Fall war gepökeltes

„The Brit‘ Salt-Beef (Rezept S. 148), angerichtet wie in England üblich mit Mixed Pickles und Senf.

Rindfleisch ein traditionelles Seefahrer-Lebensmittel und ist z. B. auch Bestandteil des berühmten Hamburger Labskaus oder ähnlicher Speisen in Skandinavien oder um Liverpool.

Corned Beef wird meist in Gläser gefüllt und eingekocht.

SALT BEEF (SALZFLEISCH)

Es macht kaum Sinn, Salzfleisch aus Rindfleischstücken zuzubereiten, welche weniger als 2,5 kg wiegen. Allerdings lohnt die Mühe, denn man wird kaum ein anderes gekochtes Rindfleisch bekommen, das aromatischer schmeckt. Salzfleisch ist mit ein wenig Verständnis fürs Marinieren recht leicht zuzubereiten, doch muss man dabei aufpassen, dass man das Fleisch (vor allem während des Marinierens) nicht mit den Fingern berührt und so unnötig Bakterienkulturen in die Marinade bringt – sauberes Arbeiten (vorzugsweise mit Plastikhandschuhen) ist also hier ganz besonders geboten.

PRESSED BEEF (GEPRESSTES RINDFLEISCH)

Das „gepresste" Rindfleisch ist eine Variante des Corned Beef, die vor allem im angloamerikanischen Raum gebräuchlich ist. Im Gegensatz zu Corned Beef und Salt Beef wird das Pressed Beef kaum gewürzt, was den Eigengeschmack des Fleisches besonders gut zur Geltung kommen lässt.

WICHTIG! Begrenzte Haltbarkeit

Pressed Beef ist keine richtige Konserve, sondern hat eine begrenzte Haltbarkeit, weil es nicht eingekocht wird, sondern das fertig gegarte Fleisch nur in kleinere oder größere Formen gepresst und anschließend mit Aspik überzogen wird. Man sollte Pressed Beef innerhalb von 3–4 Wochen aufbrauchen (aufgrund des Salpeters ist das Salt Beef zwar länger haltbar, verliert aber mit der Zeit immer mehr an Geschmack).

Ich habe Versuche gemacht, Pressed Beef in Dosen zu pressen und anschließend einzukochen. Das Ergebnis war zwar geschmacklich zufriedenstellend, aber kein typisches Pressed Beef mehr, sondern eher schon ein Salt Beef.

CORNED BEEF

Das originale Corned Beef ist gepökeltes Fleisch, für das man bevorzugt langfaseriges Rindfleisch aus Brust oder Keule verwendet. Das Wort Corned Beef ist abgeleitet vom englischen Wort corn, wobei hier nicht der Mais gemeint ist, sondern das Salzkorn. Hergestellt wird Corned Beef beinahe genauso wie das berühmte englische Salzfleisch, nur die Zusammensetzung der Lake ist etwas anders.

REZEPTE

CORNED BEEF

Für 10 Gläser (à 500 ml)

5 kg Rinderbrust, von beinahe allem Fett befreit
900 g Meersalz
3 TL Nitritpökelsalz (Prager Salz)
1 EL schwarze Pfefferkörner, zerstoßen
400 g Rohrzucker (je nach gewünschter Intensität)
8 Lorbeerblätter
12 Stück Muskatblüte (Macis)
½ EL Koriandersamen
2 EL Senfsaat
12 Pimentkörner
2 Knoblauchknollen, halbiert
1 gespickte Zwiebel (geschälte Zwiebel mit Lorbeerblatt und Nelken gespickt)

Das Fleisch von Flachsen, Sehnen und überschüssigem Fett befreien (parieren).

Einen Topf mit gut 6–7 l Wasser auf den Herd stellen, dann Salz, Pökelsalz, Pfefferkörner, Zucker, Lorbeerblätter, Muskatblüten, Koriandersamen, Senfsaat und Piment hineingeben. Einmal aufkochen lassen, den Herd ausschalten und den Salzgehalt überprüfen (dafür ein Ei in die Lösung legen, schwimmt es oben, so passt der Salzgehalt, sinkt es ab, muss noch Salz dazugegeben werden). Die Marinade abkühlen lassen.

Eine saubere, sehr gut mit einem Deckel verschließbare Plastikwanne passender Größe (das Fleisch sollte gut hineingelegt werden können) nehmen und das abgewischte Fleisch hineinlegen. Die halbierten Knoblauchknollen dazugeben und das Fleisch mit der Marinade übergießen.

Eine Schüssel (oder einen Abstandhalter) auf das Fleisch stellen, damit dieses vollkommen von Marinade bedeckt in der Wanne liegt (die Schüssel bzw. der Abstandhalter drückt das Fleisch durch den Deckel nach unten), mit dem Deckel verschließen und in den Kühlschrank stellen.

Das Fleisch mindestens 1 Tag marinieren lassen, dabei täglich mit Hilfe einer Küchenzange wenden (nicht angreifen) und darauf achten, dass das Fleisch von Marinade bedeckt ist.

Am Tag der Zubereitung das Fleisch aus der Marinade heben und 5 Minuten unter kaltem Wasser abspülen. Einen großen Topf mit Wasser aufsetzen, aufkochen lassen und das grob gewürfelte Fleisch hineingeben, dann erneut aufkochen lassen und den auftretenden Schaum abschöpfen.

Die gespickte Zwiebel dazugeben und das Fleisch 2,5 Stunden köcheln lassen, bis es gut durchgegart und recht weich ist, danach herausnehmen und durch die 10-mm-Scheibe des Fleischwolfs drehen (oder mit einem schweren Messer hacken bzw. auch mit zwei Gabeln zerreißen).

Das klassische Corned Beef

Corned Beef in Scheiben geschnitten serviert.

Die Fleischmasse mit etwas gesiebtem Kochsud glatt rühren, in Gläser füllen, gut verschließen und im Einkochtopf 1–1,5 Stunden bei 98 °C einkochen.

Die Gläser im Einkochwasser auskühlen lassen, abspülen und kühl lagern.

Anmerkung
In Südamerika nimmt man auch sehr fettes Rindfleisch für Corned Beef, das entspricht aber nicht unbedingt unserem Geschmack.

DEUTSCHES CORNED BEEF

Wie zuvor beschrieben, wird das Deutsche Corned Beef aus Rindfleisch und Schwarten hergestellt, wodurch es eine festere und kompaktere Konsistenz erhält.

Zutaten für ca. 25 Gläser (à 400 ml)

8 kg gemischtes Rindfleisch aus der Schulter und der Hüfte
2 kg Schweineschwarten (fettfrei)
200 g Nitritpökelsalz
2 EL Wacholderbeeren
4 EL Pfefferkörner
1–2 EL Senfsaat (nach Belieben)
1 EL Koriandersamen (nach Belieben)
8–12 Lorbeerblätter
600 g Sellerieknolle oder auch Stangensellerie (wenn es feiner werden soll)
etwas Piment, frisch gemahlen
schwarzer Pfeffer aus der Mühle (Menge nach Geschmack)
Salz (wenn notwendig)

Das Rindfleisch von Fett und Sehnen befreien und in grobe Würfel schneiden (2 x 2 cm für feinkörniges Corned Beef bis maximal 5 x 5 cm für grobes Corned Beef). Die Schwarten in größere Stücke zerschneiden.

Das Pökelsalz in lauwarmem Wasser auflösen und das Fleisch samt Schwarten hineingeben (Fleisch und Schwarten müssen von der Lake gänzlich bedeckt sein; gegebenenfalls mit einem Brett abdecken und dieses beschweren). Das Ganze mindestens über Nacht, maximal jedoch 24 Stunden pökeln lassen.

Am Tag der Zubereitung Wacholder grob stoßen, Pfefferkörner, Senf- und Koriandersamen ebenfalls kurz im Mörser stoßen und beides ohne Fettzugabe in einer beschichteten Pfanne rösten, dann auch die grob zerteilten Lorbeerblätter kurz mitrösten. Wenn alles duftet, die Gewürze in ein Leinensäckchen füllen.

Den Sellerie putzen und in große Stücke schneiden.

Das Fleisch aus der Lake nehmen, kurz abspülen, in einen Topf mit frischem Wasser geben, Gewürzbeutel und Selleriestücke hinzufügen (ich gebe auch noch 2 halbierte Zwiebeln und 6 ungeschälte Knoblauchzehen dazu), aufkochen lassen, den Schaum abschöpfen und gar kochen.

Parallel die Schwarten in einem zweiten Topf ebenfalls kochen, aber nicht zu weich werden lassen.

Das weich gekochte Fleisch aus dem Kochsud nehmen und in einer Schüssel mit Hilfe von zwei Gabeln zerreißen, die noch heißen Schwarten durch die 2-mm-Scheibe des Fleischwolfs drehen und möglichst heiß unter das Fleisch mischen. So viel heißen Kochsud durch ein Sieb dazugießen, dass man eine zäh- bis dickflüssige Masse erhält.

Die Fleischmasse nach Geschmack mit Piment, Pfeffer aus der Mühle und/oder etwas Salz nachwürzen.

Das gut und würzig abgeschmeckte Fleisch in sterile Gläser füllen (1 cm Abstand zum Rand lassen), die Oberfläche glatt streichen, gut verschließen und bei 95 °C 2 Stunden (für eine noch bessere Haltbarkeit von 6–12 Monaten 2,5 Stunden) einkochen. Im Einkochwasser abkühlen, danach gekühlt und lichtgeschützt lagern und vor Gebrauch mindestens 2, besser 4 Wochen reifen lassen.

CORNED BEEF AUF AMERIKANISCHE ART („AMERICAN CORNED BEEF“)

Bei der amerikanischen Version werden zum Rindfleisch nicht nur Schwarten, sondern auch noch zusätzlich Aspik hinzugefügt. Die Würze ist sehr mild, da das Fleisch gleich gekocht und nicht zuvor gepökelt wird. Allerdings ist hier die Haltbarkeit auf 4–6 Monate begrenzt.

Zutaten für ca. 20 Gläser (à 250 ml)

3 kg Rindfleisch aus Brust, Schulter oder Hüfte
75 g Nitritpökelsalz
3 große Zwiebeln
6 Stangen Lauch
1 Knollensellerie
750 g Schweineschwarten
4–5 TL Aspik super (von Wiberg)
Salz und Pfeffer aus der Mühle (Menge nach Geschmack)
Muskatnuss (nach Geschmack)

Das Fleisch in Streifen oder kleinere Würfel schneiden, mit Nitritpökelsalz bestreuen, 1–2 Stunden pökeln lassen, dann in einen Topf geben, mit Wasser bedecken, aufkochen lassen und den Schaum abschöpfen.

Das geputzte und grob gehackte Gemüse (Zwiebel, Lauch, Sellerie) hinzufügen und 2 Stunden bei schwacher Hitze kochen, bis das Fleisch sehr weich ist.

Die Schwarten werden parallel dazu 1 Stunde bei 80 °C gegart – sie sollten nicht zu weich werden.

Wenn das Fleisch weich ist, dieses aus dem Kochfond heben und durch eine mittlere oder auch größere Scheibe des Fleischwolfs drehen. Das Fleisch in eine Schüssel geben, die heißen Schwarten durch die 2-mm-Scheibe drehen und zum Fleisch geben. Alles mit etwas vom durchgeseihten Kochsud zu einer zähflüssigen Masse verrühren.

Das Aspik in etwas heißem Kochsud auflösen, dann unter die Fleischmasse heben und alles mit Salz, Pfeffer aus der Mühle und Muskatnuss (nicht zu wenig, der Geschmack ist hier typisch) würzen.

In Gläser füllen und bei 98 °C 1 gute Stunde (ca. 75 Minuten) einkochen.

Amerikanische Spezialität:
Corned-Beef-Sandwich, Rezept S. 145

CORNED BEEF IN ASPIK

Viele Menschen scheuen das Kochen von Schwarten, obwohl daraus natürliches Aspik entsteht, und ziehen Aspikpulver, Gelatine oder andere Geliermittel vor. Deshalb hier noch ein Rezept für ein Corned Beef, das ohne Schwarten zubereitet wird. Da es sich hierbei um ein Aspikgericht handelt, bildet das Rezept zudem eine gute Überleitung zum nächsten Kapitel.

Zutaten für ca. 30 Gläser (à 200 ml)

4 kg sehr mageres Rindfleisch aus Brust, Schulter und Hüfte (gemischt) – ohne Flachsen, Sehnen etc.
100 g Pökelsalz
16 g Zucker

Kochsud

4 Karotten
½ Sellerieknolle, in Scheiben geschnitten
3 Stangen Lauch
4–5 große Zwiebeln
ca. 30 Gewürznelken
4–6 Lorbeerblätter
½ TL Senfsaat und/oder Wacholder (nach Belieben)
250 g Aspikpulver
8–10 g Muskatnuss, frisch gemahlen
knapp 20 g schwarzer Pfeffer aus der Mühle, frisch gemahlen
2–4 EL Maggi (wenn man mag)
Salz

Das Rindfleisch in grobe, 5–7 cm große Würfel schneiden und in einer Schüssel mit Pökelsalz und Zucker bestreuen. Danach das Fleisch 4–5 Tage pökeln lassen, zwei- bis dreimal wenden – nicht mit den Fingern angreifen!

Nach dem Pökeln das Fleisch samt der Lake, die sich gebildet hat, in einen Topf füllen und mit ca. 4 l Wasser aufgießen.

Das geputzte und grob geschnittene Gemüse (Karotten, Sellerie, Lauch), die mit den Nelken gespickten Zwiebeln und die Lorbeerblätter dazugeben (wer mag, fügt auch noch etwas Senfsaat und/oder Wacholder hinzu).

Das Fleisch gut 1 Stunde kochen lassen, bis es fast weich ist. Danach die Hälfte des Fleisches durch die 5-mm-Scheibe des Fleischwolfs drehen, die andere Hälfte durch die 12-mm-Scheibe (oder noch größere Scheibe), aber hierbei das Schneidmesser des Fleischwolfs umdrehen, damit das Fleisch nicht geschnitten, sondern faserig zerrissen wird.

Das Fleisch in eine Schüssel füllen und gut vermischen. 2 l vom Kochsud abseihen und mit dem Aspikpulver verrühren (muss sich vollkommen auflösen). Die Aspiklösung mit Muskatnuss, Pfeffer und eventuell Maggi würzen, dann zum Fleisch geben und alles gleichmäßig verrühren. Die Fleischmasse nochmals mit Salz, Pfeffer und Muskatnuss abschmecken, danach in sterile Gläser füllen und 90 Minuten bei 98 °C einkochen.

Im Einkochwasser langsam abkühlen lassen (die Masse darf nicht zu schnell abkühlen, sonst wird das Aspik trüb) und anschließend kühl und lichtgeschützt aufbewahren.

Anmerkung

Man kann auch 8–12 geschälte und angedrückte Knoblauchzehen zur Kochflüssigkeit geben und dafür auf den Lauch verzichten.

SALT BEEF

Am besten eignet sich das so genannte „brisket“ für die Zubereitung von Salzfleisch, ein spezielles Fleischteil, welches aus der Brust bzw. der unteren Brust (dem erweiterten Teil des Brustbeins, auf dem Rinder liegen) geschnitten wird.

ENGLISCHES SALZFLEISCH („THE BRIT‘ SALT-BEEF“)

Bei der Zubereitung von Salt Beef sollten gleich größere Mengen gemacht werden, damit es sich lohnt.

Zutaten für 1 große Terrine (oder ca. 4 1-l-Gläser)

2,5–3 kg Rinderbrust (brisket), von beinahe allem Fett befreit (ersatzweise: Tafelspitz)
650 g Meersalz
350 g brauner Rohrzucker
12 Pimentkörner
4–6 Stück Muskatblüte (Macis)
½–1 EL Koriandersamen
6–8 Lorbeerblätter
6–8 Zweige Thymian
schwarze Pfefferkörner
1–2 Knoblauchknollen
2 geschälte Zwiebeln, mit jeweils 2–3 Nelken gespickt
2 Stangen Stangensellerie
1 Bund Petersilie (fakultativ)

Das Fleisch auf Flachsen, Sehnen und überschüssiges Fett untersuchen, bei Bedarf parieren.

Einen Topf mit gut 4 l Wasser auf den Herd stellen, dann Salz, Rohrzucker, Pimentkörner, Muskatblüten, Koriandersamen, Lorbeerblätter, Thymianzweige und gestoßene Pfefferkörner hineingeben. Einmal aufkochen lassen, dann die Hitze ausschalten und den Salzgehalt überprüfen (dafür ein Ei in die Lösung legen: Schwimmt es oben, so passt der Salzgehalt, sinkt es ab, muss noch Salz dazugegeben werden). Die Marinade abkühlen lassen.

Eine sauberes, mit einem Deckel gut verschließbares Gefäß passender Größe (das Fleisch sollte gut hineingelegt werden können) nehmen und das abgewischte Fleisch hineinlegen.

Die halbierten Knoblauchknollen dazugeben und alles mit der Marinade übergießen. Eine Schüssel (oder einen Abstandhalter) auf das Fleisch stellen, damit dieses vollkommen von Marinade bedeckt im Gefäß liegt (die Schüssel bzw. der Abstandhalter drückt das Fleisch durch den Deckel nach unten); das Gefäß mit dem Deckel verschließen und in den Kühlschrank stellen. Das Fleisch mindestens 6 Tage für einen zarten und milden Geschmack oder bis zu 20 Tage für ein volles Aroma marinieren lassen; dabei täglich mit Hilfe einer Küchenzange wenden (nicht mit den Fingern angreifen) und immer darauf achten, dass das Fleisch mit Marinade bedeckt ist.

Am Tag der Zubereitung das Fleisch aus der Marinade heben und 5 Minuten unter kaltem Wasser abspülen (länger mariniertes Fleisch 30 Minuten wässern), danach das Fleisch in 3–4 cm große Würfel schneiden.

Das Fleisch in einen großen Topf mit Wasser geben (so dass das Fleisch bedeckt ist) und bei mittlerer Hitze aufkochen lassen, den auftretenden Schaum abschöpfen.

Nach 1 Stunde gespickte Zwiebel, Sellerie und Petersilie dazugeben und das Fleisch noch 2 Stunden sehr weich garen.

Das Fleisch herausheben und in einer Schüssel mit zwei Gabeln zerreißen. So viel vom Kochwasser dazugeben und verrühren, dass eine zähflüssige Masse entsteht (ich gebe nun ca. 50–100 g Aspikpulver dazu, das ist nicht original, macht das Salzfleisch aber schnittfester). Das Salt Beef in eine große Terrinenform füllen, kalt stellen und 1 Tag im Kühlschrank fest werden lassen.

Anmerkung

Man kann das Salzfleisch auch in Gläser füllen, gut verschließen und 60–90 Minuten bei 95 °C einkochen. Im Einkochwasser lassen, danach kühl und lichtgeschützt lagern.

Serviertipp

Das Salt Beef in dicke Scheiben schneiden, auf mit Senf oder Mayonnaise bestrichenes Landbrot legen und dazu Pickles, Salzzitronen, Essiggurken und frisch gezapftes Bier reichen.

Das Rindfleisch bleibt zwischen 6 und 20 Tagen in der Salzlake, bevor es weiterverarbeitet wird.

PRESSED BEEF

Die Zubereitung von gepresstem Rindfleisch ist zeitaufwendig, doch das Ergebnis schmeckt wirklich hervorragend. Pressed Beef wird weniger gewürzt als Corned Beef oder Salt Beef und sollte, weil es nicht eingekocht wird, spätestens nach 3–4 Wochen verbraucht werden.

In Amerika und Kanada ist es durchaus üblich, das Pressed Beef auch aus verschiedenen minderwertigen Rindfleischresten und -abschnitten herzustellen; in diesem Fall wird das Pressed Beef (ähnlich wie Corned Beef) mit Lorbeer, Wacholder und Zwiebel gewürzt.

GEPRESSTES RINDFLEISCH (PRESSED BEEF)

quadratische Formen

2 kg Rinderbrust
2 l Wasser
8–12 Pfefferkörner
150 g brauner Rohrzucker
360–400 g Salz
75 g Salpeter
1–2 grob geschnittene Karotten

Das Fleisch von allen Knorpeln, Knochen etc. befreien.

Für die Sole (Lake, Marinade) Wasser in einen Topf füllen, Pfeffer, Zucker, Salz und Salpeter dazugeben, alles zum Kochen bringen und anschließend abkühlen lassen.

Das Rindfleisch mit einer Spicknadel oder einem dünnen Spieß mehrfach einstechen, dann in eine Plastikbox legen und mit der Sole übergießen – das Fleisch etwas beschweren, damit es nicht schwimmt, zudecken, danach 10–12 Tage im Kühlschrank ziehen lassen.

Das Fleisch aus der Sole nehmen und kalt abwaschen.

Nun ist es wichtig, das Fleisch möglichst in Stücke zu schneiden, die exakt so groß sind wie die Formen, welche man verwenden möchte. Die Fleischstücke in einen Topf geben, Karotten zufügen, alles mit Wasser bedecken, aufkochen lassen und auf kleiner Flamme 2,5–3 Stunden garen, bis das Fleisch sehr weich ist.

Das Fleisch in die Formen geben, solange es noch heiß ist, und gut beschweren, so dass es in den Formen regelrecht zusammengedrückt wird – daher der Name Pressed Beef.

Das erkaltete Fleisch aus der Form stürzen und mit Aspik (Kochsud sieben, 500 ml abmessen und mit der notwendigen Menge Aspikpulver verrühren) überzogen kalt stellen. Danach nochmals mit Aspik überziehen und den Vorgang evtl. ein drittes Mal wiederholen.

Im Kühlschrank lagern, Pressed Beef ist für den baldigen Verzehr vorgesehen.

Serviertipp

Pressed Beef mit der Aufschnittmaschine in dünne Scheiben schneiden und Roggenbrotscheiben oder auch Brötchen damit belegen (zusammen mit Senf und Gurken), dazu gibt es traditionell Krautsalat.

ASPIK, SULZ & CO.

GRUNDLEGENDES

Der grundlegende Unterschied zwischen Aspik und Sulz soll hier kurz erklärt werden. Der Begriff **Aspik** bezeichnet eine aus Fleisch (seltener auch aus Fisch oder Geflügel) hergestellte **gelierfähige Masse**. Für das Gelieren ist die Substanz Gelatine verantwortlich, die besonders konzentriert in Knochen vorkommt. Daher bereitet man Aspik zumeist aus sehr knochenhaltigem Fleisch, wie etwa Füßen, Stelzen und Kopffleisch, zu).

Das feinste Aspik erhält man vom Kalbsfuß, sehr intensiv schmeckendes Aspik ergeben Schweinefüße (und -köpfe), und ein gut gelierendes Aspik kann man auch mit eingekochter (entfetteter) Hühnerbrühe erzielen.

Heute werden aber auch mit Aspik hergestellte oder überzogene Gerichte als „Aspik“ bezeichnet, wenngleich eigentlich nur die gelierfähige Masse, aus der verschiedene Gerichte hergestellt werden, mit Aspik gemeint ist. Diese **Gerichte** sollte man eigentlich **„Sulz“** (oder „Sülze“) nennen, weil mit diesem Begriff die fertigen, **Aspik enthaltenden Speisen** gemeint sind.

Heute gibt es auch industriell hergestelltes (und zum Teil sogar vorgewürztes) Aspik, das als Blattgelatine oder Aspikpulver im Handel angeboten wird. Dieses industriell gefertigte Aspik ist grundsätzlich ein guter Ersatz für hausgemachtes Aspik, weil es einfach erhältlich und leicht dosierbar ist. Und im Gegensatz zur weitläufigen Ansicht ist das industrielle Aspik nicht synthetisch hergestellt, sondern ein Produkt aus Schlachtabfällen.

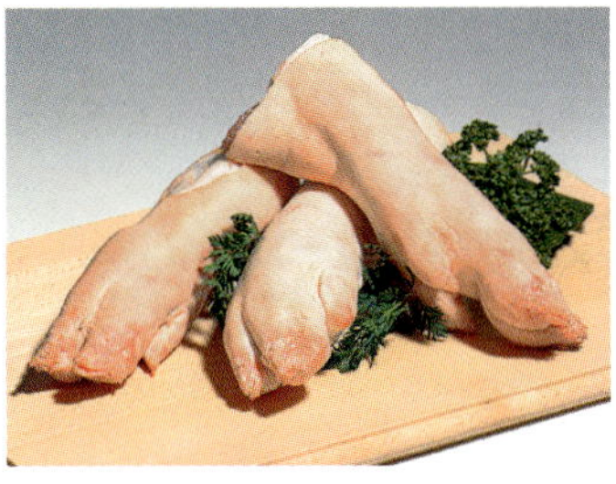

Schweinefüße liefern Gelatine zur Sulzbereitung.

Sulzwurst (Rezept S. 157)

ASPIK

Ob man Aspik (vorzugsweise aus Schweinefüßen) selber herstellt oder ob man Aspikpulver verwendet, das bleibt jedem selbst überlassen. Selbst gemachtes Aspik schmeckt um vieles besser, ist aber extrem zeitaufwendig, weil man Schweineknochen und -füße zuerst 3–4 Stunden auskochen muss, bis Aspik entsteht. Danach muss dieser Sud noch gefiltert werden, bevor man ihn erkalten lässt, um ihn zu entfetten. Aspikpulver ist da natürlich wesentlich einfacher in der Verarbeitung, weil es nur mit der entsprechenden Menge an heißem Wasser angerührt wird.

REZEPTE

GRUNDREZEPT HERSTELLUNG ASPIK

VARIANTE 1: MIT ASPIKPULVER

Wie viel Aspikpulver der Flüssigkeit zugegeben werden muss, richtet sich nach dem so genannten Blooom-Gehalt des Aspikpulvers. Der Wert (meist auf der Packung angegeben) liegt üblicherweise zwischen 50 und 300 und beziffert die Gelierfähigkeit von Aspik.

500 ml Wasser
(üblicherweise) 20 g Aspikpulver (bitte aber nach Packungsangabe zubereiten!)

Das Wasser zum Kochen bringen, die Hitze reduzieren und das Aspikpulver einstreuen, alles kräftig mit dem Schneebesen schlagen, um Klumpenbildung zu vermeiden. Sobald sich das Pulver aufgelöst hat, den Topf vom Herd nehmen und im Kaltwasserbad unter Rühren abkühlen lassen (wenn es besonders schnell gehen soll, Eiswürfel ins Kaltwasser geben).

Das Aspik ist gebrauchsfertig, wenn es zäh, aber noch nicht dickflüssig oder gar erstarrt ist.

Anmerkung
Sehr gut ist beispielsweise das „Aspik super“ von Wiberg.

VARIANTE 2: SELBST HERGESTELLTES ASPIK

Will man ein besonders feines und gut gelierendes Aspik haben, nimmt man Kalbsfüße, aber Schweinefüße passen auch.

6 längs halbierte Schweinefüße (oder 2 längs gespaltene oder grob zerschnittene Kalbsfüße)
200 ml Essig
1–2 EL Salz
3–4 Lorbeerblätter
3–4 Gewürznelken

Die Füße in einen Topf geben, mit kaltem Wasser bedecken und auf den Herd stellen. Auf Mittelhitze erwärmen, wenn das Wasser heiß ist (aber noch nicht kocht), dieses abgießen (um Trubstoffe zu entfernen) und die Füße abspülen.

Den Topf wieder auf den Herd stellen und so viel kaltes Wasser dazugeben, dass die Füße gut bedeckt sind. Essig, Salz und Gewürze hinzugeben, danach auf milder Flamme sieden (nicht kochen lassen), bis die Schwarten und das Fleisch der Füße sehr weich sind (mindestens 3–4 Stunden). Alles durch ein mit einem Tuch ausgelegtes Sieb seihen und das Aspik gegebenenfalls noch etwas einkochen lassen (verstärkt den Geschmack und die Gelierkraft).

Das Aspik in eine Glasschüssel füllen und an einem kühlen Ort erkalten lassen. Das Fett von der Oberfläche abheben und das Aspik vor Verwendung auf dem Herd zähflüssig werden lassen.

TIPPS! Gelungenes Aspik

1. Man kann Aspik mit Hilfe von Eischnee klären: Dazu 4–5 Eiklar zu steifem Eischnee schlagen, diesen nach dem Entfernen der Knochen zur heißen Aspikflüssigkeit zugeben, Eischnee gerinnen (stocken) lassen und dann das Aspik durch ein mit einem Etamin-Passiertuch oder einer Leinenserviette ausgelegtes Sieb seihen. So wird das Aspik besonders klar.
2. Das Aspik kann mit Wein statt mit Essig aromatisiert werden.
3. Gewürze weglassen und stattdessen ½ TL Safranfäden dazugeben – so wird das Aspik nicht nur schön gelb, sondern auch sehr aromatisch.
4. Geschmacklich neutral gehaltenes Aspik kann auch wunderbar mit Madeira-Wein aromatisiert werden.
5. Auch aus Hühnerkarkassen (am besten Flügel, ausgelöste Rücken, Füße, Hälse und Mägen gemischt) kann man exzellentes Aspik herstellen.

Anmerkung

Früher hat man auch gemahlenes Hirschhorn in ein Mulltuch gewickelt dazugegeben, um sowohl Geschmack als auch Gelierkraft zu verstärken. Heute kommt Hirschhorn meist als Hirschhornsalz auf den Markt und ist (leider) degelatiniert, weil es nur mehr als Backtriebmittel eingesetzt wird.

SULZ

REZEPTE

EINFACHE STELZENSULZ

4–6 hintere Schweinestelzen
2 Schweinefüße, längs gespalten
200 ml Essig
6 Knoblauchzehen
2 Lorbeerblätter
3–4 Gewürznelken
1 TL Pfefferkörner
ca. 1 EL Salz
½ TL Kümmel, gemahlen
2 EL Majoran, getrocknet

Stelzen und Schweinefüße in einen Topf legen, mit kaltem Wasser bedecken und kurz aufkochen lassen, abgießen und abspülen. Danach das Fleisch erneut in den Topf geben, Essig und so viel Wasser dazugeben, dass alles gut bedeckt ist. Langsam aufkochen lassen, die Hitze zurücknehmen und aufsteigenden Schaum abschöpfen.

Wenn der Schaum entfernt ist, die mit dem Handballen angedrückten geschälten Knoblauchzehen, Lorbeerblätter, Gewürznelken, Pfefferkörner und Salz hinzugeben. Auf ganz milder Hitze kochen lassen, bis das Fleisch sehr weich ist (ca. 3–4 Stunden).

Die Stelzen und Füße aus der Flüssigkeit heben und vom Knochen lösen. Den Knochen wieder in die Flüssigkeit geben und dort noch weitere 2–3 Stunden weiterköcheln lassen. Zwischenzeitlich das Fleisch (wahlweise mit oder ohne Schwarten) würfelig schneiden.

Wenn das Aspik fertig ist, den Kümmel und Majoran einarbeiten, darauf achten, dass keine Klumpen entstehen, und 10–15 Minuten im Aspik ziehen lassen. Danach die Flüssigkeit durch ein mit einem Tuch ausgelegtes Sieb seihen und nach Geschmack nachsalzen (wer mag, kann noch etwas zerriebenen Majoran dazugeben, um das Aroma zu verstärken).

Das Fleisch ins noch warme Aspik geben und alles gut vermischen, abschmecken und in eine Schüssel gefüllt kalt stellen. Fett nach dem Erkalten abheben und die Sulz mit frisch gerissenem Kren und eventuell mit Kürbiskernöl beträufelt auftischen.

Hintere Schweinestelze (Haxe)

Anmerkung

Besonders geschmackvoll wird die Sulz, wenn man die Hälfte der Stelzen durch gepökelte Stelzen ersetzt. Man kann die Stelzensulze auch in Gläser füllen.

Herstellung von Sulzwurst

Die Sulzwurst-Zutaten vorbereiten.

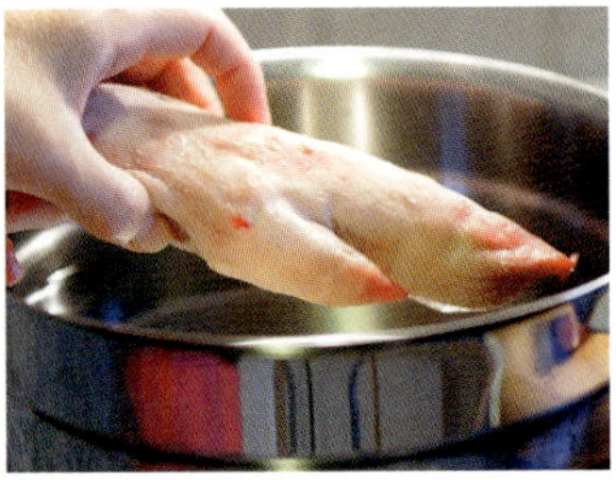

Schweinefüße in kaltem Wasser zustellen.

Gegebenenfalls entstandenen Schaum abschöpfen.

Weich gekochte Schweinefüße und Fleisch herausnehmen.

Den Sud filtern und erkalten lassen, Fett abheben.

Das Fleisch und die Gurken in eine Schüssel geben, …

… mit dem erwärmten und mit Aspikpulver versetzten Sud begießen.

Sulzwurst an einem kühlen Ort stocken lassen.

SULZWURST IN DER SCHÜSSEL

In vielen Haushalten wird das weich gekochte Gemüse (vor allem Karotten und Sellerie) klein geschnitten zur Sulz gegeben. Ich mache das nicht, weil ich das ausgekochte Gemüse nicht mag und der Geschmack des Gemüses ohnehin im Kochsud, mit dem man die Sulz bzw. das Aspik herstellt, steckt.

Die gewaschenen Schweinefüße in einen großen Topf geben und mit kaltem Wasser vollkommen bedecken. Salz, Pfeffer- und Senfkörner sowie Lorbeerblätter hinzugeben und offen bei schwacher Hitze ca. 3,5–4 Stunden garen.

Danach den Schweinenacken und das Kasseler im Ganzen, das geputzte Suppengemüse, den Weinessig, die geschälten und die geviertelten Zwiebeln sowie den Zucker hinzugeben und weitere 1,5–2 Stunden leise kochen lassen.

Wenn das Fleisch gar ist, dieses aus dem Kochsud nehmen und in Alufolie gewickelt beiseitestellen. Den Sud filtern und erkalten lassen, dann das Fett abheben.

In der Zwischenzeit das Fleisch in 2 x 2 cm große Würfel schneiden und die Gewürzgurken in Scheiben oder kleine Würfelchen schneiden.

Den entfetteten Sud erneut aufkochen und die in kaltem Wasser eingeweichte und gut ausgedrückte Gelatine (oder das Aspikpulver) dazugeben.

Den Sud würzig mit Salz, Pfeffer, Ingwer und Kümmel abschmecken.

Fleisch und Gurken in eine Schüssel füllen, mit dem Sud begießen, bis die Masse gleichmäßig gut bedeckt ist. Alles kräftig umrühren, dann die notwendige Menge Sud nachgeben. An einem kühlen Ort stocken lassen und anschließend mit Schweineschmalz versiegelt im Kühlschrank aufbewahren (hält sich ca. 3–4 Wochen).

6–8 Schweinefüße
9 TL Salz
1–2 EL Pfefferkörner
5–6 EL Senfkörner
12 Lorbeerblätter
1,2 kg Schweinenacken
800 g Kasseler
750 g Suppengemüse (Karotten, Sellerie, Lauch, Gelbe Rüben und Petersilienwurzeln)
370–400 ml Weinessig (je nach gewünschter Intensität)
12 Zwiebeln
125 g Zucker
6 Gewürzgurken oder Cornichons
15 Blatt Gelatine (oder entsprechende Menge an Aspikpulver)
Salz und Pfeffer nach Geschmack
¼–½ TL Ingwer
Kümmel, gemahlen (Menge nach Geschmack)
Schweineschmalz zum Versiegeln

Kopffleisch, Schweinefüße und Schwarten ergeben ein natürliches, lockeres Aspik.

HOLSTEINER SAUERFLEISCH

Wie der Name schon sagt, stammt das Sauerfleisch aus Schleswig-Holstein. Heute wird es meist aus Schweinenacken (gepökelt oder ungepökelt) hergestellt. Das hat den Nachteil, dass man Gelatine hinzufügen muss, was dem Geschmack nicht immer guttut. Ich nehme daher keine Gelatine, sondern 3–4 gespaltene Schweinefüße – die sorgen für ein lockeres (nicht schnittfestes!) Gelee und außerdem für einen vorzüglichen Geschmack.

Man kann gepökeltes oder ungepökeltes Fleisch für diese Zubereitung nehmen, ungepökeltes Sauerfleisch wird leicht grau, gepökeltes zart rosafarben. Wenn das Fleisch mit Gewürzen gepökelt wurde, dann die angegebene Gewürzmenge halbieren, wenn es nur eingesalzen wurde, dann kann man die Gesamtmenge nehmen.

3–4 Schweinefüße, längs gespalten
4 l Wasser
2 l Weißwein-, Apfel- oder Hesperidenessig vermischt
2–4 große Zwiebeln
3–4 Karotten
3–4 EL Zucker
1 TL Wacholderbeeren
½ TL Pimentkörner
½ TL Senfkörner
1 TL Pfefferkörner
6–8 Lorbeerblätter
2 kg Schweinefleisch vom Bauch oder Nacken (ohne Knochen)
einige Zwiebelringe, Lorbeerblätter bzw. Salz- oder Gewürzgurken

Die Schweinefüße mit dem kalten Wasser und der Hälfte des Essigs aufgießen, aufsetzen und zum Kochen bringen. Nach und nach den aufsteigenden Schaum mit einem Siebschöpfer entfernen; dann die Füße 1 gute Stunde vorkochen.

Danach die in grobe Ringe geschnittenen Zwiebeln, die geputzten Karotten, den restlichen Essig, den Zucker und die Gewürze hinzugeben. Alles wieder aufkochen lassen (der Sud muss unbedingt kochen, wenn das Fleisch hineinkommt, sonst laugt es aus) und das Fleisch hineingeben. Im Anschluss daran Flüssigkeitsmenge prüfen (das Fleisch sollte knapp bedeckt sein) und danach das Sauerfleisch knapp 2 Stunden bei mittlerer Hitze kochen.

Das Sauerfleisch (auch die Füße) herausnehmen, das Fleisch in Scheiben oder Stücke schneiden und in ein irdenes Gefäß füllen, die Schweinefüße kann man ganz belassen und dazugeben oder auch ausgelöst und in Stücke zerteilt hinzufügen. Den Sud zunächst durch ein Sieb, dann durch ein Küchentuch seihen. Das Fleisch mit einigen Zwiebelringen, Lorbeerblättern oder auch Gurkenscheiben belegen, den gefilterten Sud darübergießen, bis das Fleisch vollständig vom Sud bedeckt ist, dann einige Stunden erkalten lassen. Das Sauerfleisch mit einem Deckel oder mit Frischhaltefolie verschließen und vor dem Verzehr mindestens 2 Tage im Kühlschrank durchziehen lassen.

Rezepttipp
Wer es weniger sauer mag, halbiert die Essigmenge.

STELZE (EISBEIN) IN ASPIK

Eine sehr beliebte Spezialität, die sich hervorragend als Konserve eignet. Wichtig ist, dass die Lakestärke von 10 Grad (entspricht 111 g Salz pro Liter Wasser) eingehalten wird.

Zutaten für 12–15 Dosen (à 500 ml)*

5 kg entbeinte hintere Schweinestelzen (mit Schwarte, diese sollte aber noch einmal gründlich nachrasiert werden)

500 ml Pökellake mit 10 Grad (= 111 g Salz auf 1 l Wasser)

selbst hergestelltes Aspik (siehe Rezept S. 153) oder in lauwarmem Wasser angerührtes Aspikpulver nach Bedarf (z. B. „Aspik super von Wiberg")

** Am besten so genannte Schnallendosen verwenden!*

Das Fleisch nochmals gründlich auf Flachsen und Knorpeln untersuchen und diese wegschneiden.

Die hergestellte Lake möglichst gleichmäßig mit einer Handspritze in das Fleisch spritzen, dann das Fleisch 2 Tage im Kühlschrank durchziehen lassen. Danach das Fleisch durch ein Sieb abtropfen lassen.

Nun nach Möglichkeit ganze Fleischstücke (man kann auch 1-l-Dosen nehmen, dann passt eine ganze Stelze hinein) in die Dosen drücken.

Will man weniger Fleisch und viel Aspik (was sich bei natürlichem Aspik auch anbietet), dann lässt man große Hohlräume, will man mehr Fleisch, möglichst kleine Hohlräume lassen.

Das selbst hergestellte Aspik erwärmen und so in die Dosen gießen, dass alle Hohlräume ausgegossen sind (hat man davon zu wenig oder geliert es nicht richtig, dann kann man sich auch hier mit Aspikpulver weiterhelfen). Oder einfach fast kochendes Wasser mit Aspikpulver (nach Packungsanleitung) verrühren, bis das Aspik vollständig aufgelöst ist, und anschließend die Hohlräume damit ausgießen.

Mit einem Löffel am Dosenrand entlangfahren, damit sich auch hier das Aspik gleichmäßig verteilt und noch eventuell vorhandene Luft entweichen kann. Falls erforderlich, nochmals Aspik nachgießen, so dass die Dosen alle komplett und ohne Lufteinschlüsse gefüllt sind.

Danach die Dosen sorgfältig verschließen und in den Einkochkessel geben – bei 100 °C 2,5–3 Stunden einkochen, dabei die Dosen beschweren, damit sie nicht schwimmen.

Danach die Dosen aus dem Einkochtopf nehmen und in kaltem Wasser abschrecken (das Fleisch sollte nicht nachgaren, sonst wird es zu weich). Dosen gut abspülen und kühl und trocken (!) lagern.

Hält sich gut 6–12 Monate.

Anmerkung

Für eine Vollkonserve werden die Dosen im Autoklav bei 120 °C eingekocht (die genaue Garzeit wird meist vom Hersteller des Gerätes angegeben).

SULZ IM GLAS (EINGEKOCHTE VARIANTE)

Zutaten für ca. 10 Gläser (à 500 ml)

1 halbierter oder geviertelter Schweinekopf (ca. 4 kg)
1 kg Schweinenacken mit Knochen
ca. 5 l Wasser (falls nötig etwas mehr)
6–12 Lorbeerblätter
6–8 Gewürznelken
½ EL Pimentkörner
1 EL Pfefferkörner
2–3 EL Salz
4 Zwiebeln
4 Karotten
2–3 dicke Scheiben Sellerie
1–1,5 l Kochsud (lieber etwas mehr, auch wenn man nicht alles brauchen wird)
150 ml Wein-, Apfelessig oder Hesperidenessig
ca. 50 g Salz oder Nitritpökelsalz (oder eine 1:1-Mischung daraus)
ca. 40 g Aspikpulver
200 g Karotten, geputzt und in Scheiben geschnitten (oder klein gewürfelt)
5 g Koriander, frisch gemahlen oder gemörsert
8–10 g schwarzer Pfeffer, frisch gemahlen
2–3 g Kümmel, frisch gemahlen oder gemörsert
2–3 g Senfsaat, frisch gemahlen

Schweinekopf und -nacken in einen Topf füllen und knapp mit Wasser bedecken. Alles aufkochen lassen, Hitze zurücknehmen, abschäumen und Lorbeer, Gewürznelken, Piment, Pfeffer und Salz hinzugeben, 1 gute Stunde kochen lassen.

Danach auch die ungeschälten, grob geschnittenen Zwiebeln, die geputzten Karotten und Selleriescheiben hinzufügen, 1 weitere Stunde kochen lassen, bis das Fleisch gar ist und sich das Kopffleisch leicht vom Knochen lösen lässt.

Das Fleisch und den Kopf aus dem Kochsud nehmen und leicht auskühlen lassen, das Nackenfleisch in 2–2,5 cm große Würfel schneiden, das Kopffleisch von den Knochen lösen, die Schwarten und die fetten Kopffleischteile fein hacken.

Das gesamte Magerfleisch (von Nacken und Kopf) abwiegen und so viel fettes Kopffleisch dazugeben, dass man 1,8–2 kg Fleischeinwaage erhält (je mehr Kopffleisch dazukommt, umso deftiger wird die Sulz).

Den Kochsud durch ein Sieb seihen und 1,5 l abmessen, danach mit Essig verrühren und mit Salz oder Nitritpökelsalz nachsalzen (die Brühe muss kräftig säuerlich und deutlich salzig schmecken, da das Aspik den Geschmack später abschwächt).

Wenn der Kochsud etwas abgekühlt ist, das Aspikpulver einrühren und gut auflösen.

Die für die Einlage vorgesehenen Karottenscheiben mit kochendem Wasser übergießen und 2 Minuten überbrühen, danach in einem Sieb abtropfen lassen.

Die Karottenscheiben mit dem Fleisch vermischen und die Masse mit den restlichen Gewürzen (Koriander, Pfeffer, Kümmel, Senfsaat) gut vermischen.

Danach alles gleichmäßig in WECK-Gläser oder andere Gläser mit Bügelverschluss verteilen und mit dem würzigen Aspiksud aufgießen (ca. bis 2 cm unter den Rand).

Die Gummiringe und Deckel auf die Gläser geben, mit Klammern bzw. Bügeln verschließen, die Gläser in den Einkochkessel geben, mit kaltem Wasser bedecken, aufkochen lassen und ab dem Zeitpunkt, zu dem das Wasser 85 °C erreicht hat, 120 Minuten einkochen.

Die Gläser aus dem Kessel nehmen, langsam abkühlen lassen (wenn die Masse zu schnell abkühlt, wird das Aspik trüb) und anschließend kühl lagern.

Schweinekopfsulz aus dem Glas

LAMMZUNGENSULZ AUF KÜRBISKERNÖL-VINAIGRETTE

Sulz aus Lammzungen mit einer Vinaigrette aus Kürbiskernöl.

Zutaten für 7 Personen

800 g Lammzungen
1 l kaltes Wasser
Salz und Pfeffer
2 Lorbeerblätter
1 EL Rosmarinnadeln
5 cl weißer Balsamico-Essig
3 Knoblauchzehen, klein geschnitten
1 Zwiebel, klein geschnitten
2 Karotten, klein geschnitten

10 Gelatineblätter
5 EL Lammfond

5 EL Kürbiskernöl
4 EL Rotweinessig
1 TL Dijonsenf
1 Prise Zucker
1 EL Frühlingszwiebel, klein geschnitten

Die Lammzungen in einem Kochtopf mit dem Wasser, den Gewürzen, den Aromaten und dem Gemüse zum Kochen bringen und ca. 1 Stunde langsam köcheln lassen, bis die Zungen weich sind. Danach die Zungen herausnehmen, kurz abschrecken und sofort schälen, anschließend in Eiswasser legen.

Den Fond abseihen und auskühlen lassen, dabei 5 EL für die Vinaigrette beiseite stellen. Die Gelatineblätter einweichen, eine Terrinenform mit Klarsichtfolie auslegen. Die Lammzungen der Länge nach mit einer Aufschneidemaschine in dünne Scheiben schneiden.

Die Gelatine ausdrücken, im Wasserbad auflösen und in den Lammfond geben, den Fond nochmals würzen und danach abwechselnd mit den Zungenscheiben in die Form füllen, dabei mit dem Fond beginnen und die Zungenscheiben immer mit Fond bedecken. Anschließend die Terrine im Kühlschrank mindestens 4 Stunden fest werden lassen.

Für die Vinaigrette alle Zutaten in einer Schüssel gut verrühren.

Die Lammzungensulz aus der Form nehmen und die Klarsichtfolie entfernen, die Sulz in Portionen schneiden und auf kalten Tellern anrichten, zuletzt mit der Vinaigrette beträufeln.

Zur Lammzungensulz auf Kürbiskernöl-Vinaigrette passt Bauernbrot und Salat der Saison.

SCHARF EINGELEGTE SCHWEINEFÜSSE (HOT PEPPERED PICKLED PIG'S FEET)

Man kann Fleisch, anstatt es einzukochen, auch in eine Essigmarinade einlegen. Es ist natürlich nicht so lange haltbar, schmeckt aber sehr gut. Hier als Beispiel zwei Rezepte.

Zutaten für 2 Einkochgläser (à 1 l)

6 hintere Schweinefüße
1,2–1,5 l Weinessig
2 große weiße Zwiebeln
4 grüne Chilischoten (z. B. Jalapeño)
4 rote Chilischoten (z. B. Thai-Chilis)
6 Scheiben frischer Ingwer (geschält)
2 kleine TL Koriandersamen
2 große TL Senfsamen
12 schwarze Pfefferkörner
6 Lorbeerblätter
4 größere TL Meersalz

Die Schweinefüße penibel reinigen und abflämmen, die Einkochgläser sterilisieren.

Die Schweinefüße mit einem schweren Messer der Länge nach halbieren (evtl. vom Fleischer vorbereiten lassen), danach abwaschen, um Knochensplitter zu entfernen.

Die Schweinefüße in einen großen Topf geben, mit Wasser bedecken, aufkochen lassen, abschäumen, die Hitze zurücknehmen und 2 Stunden sanft kochen lassen. Die fertig gegarten Schweinefüße aus dem Sud nehmen und gut abwaschen.

Den Kochsud wegschütten und den Topf gut reinigen. Essig, geschälte und in Ringe geschnittene Zwiebeln, Chilischoten im Ganzen (mit einer Nadel angestochen), Ingwer, Koriander- und Senfsamen, Pfeffer, Lorbeer und Salz in den Topf geben, alles aufkochen lassen, die Hitze zurücknehmen und 10 Minuten leicht köcheln lassen.

Die abgekühlten Schweinefüße in die heiße Marinade geben und erneut zum Kochen bringen.

Vom Herd nehmen und in die Einkochgläser füllen – so viel Marinade (mit Einlage) dazugeben, dass die Füße bedeckt sind. Sofort verschließen, bei Zimmertemperatur abkühlen lassen, danach 3–5 Tage im Kühlschrank durchziehen lassen. Schmeckt am siebenten Tag besonders gut!

Eingelegter Schweinebauch

EINGELEGTER SCHWEINEBAUCH

Zutaten für ca. 2 Gläser (à 750 ml)

800 g frischer Schweinebauch
8–12 Knoblauchzehen
2 frische rote Chilischoten
400–500 ml guter Weinessig
2 TL Salz
gutes Oliven-, Kürbiskern- oder Distelöl

Den gut gewaschenen Schweinebauch in einen Emailletopf geben, geschälte und angedrückte Knoblauchzehen dazugeben und mit Wasser bedeckt aufkochen. Den Schaum abschöpfen und 2 Stunden kochen lassen.

Danach herausheben, abwaschen und eventuell verbliebene Knochen entfernen.

Das Fleisch in grobe Würfel schneiden und locker in die Einkochgläser verteilen. Jeweils 1 halbierte Chilischote dazugeben.

Den Essig mit Salz vermischen und die Flüssigkeit gleichmäßig auf die Gläser verteilen. Gut verschließen und vor Verbrauch 5 Tage im Kühlschrank durchziehen lassen.

Mit reichlich Öl beträufelt auftischen.

Anmerkung

Wenn man den Salzgehalt erhöht, dann ist das Fleisch länger haltbar (knapp 10 Tage).

ANHANG

Abschließend noch ein paar Tipps für Direktvermarkter, welche ihre Wurstwaren ab Hof, im Bauernladen oder am Markt vertreiben wollen.

HYGIENE UND SICHERHEIT

- Mikroorganismen haben im Fleisch einen idealen Nährboden, weshalb sehr sorgfältig und peinlichst sauber, zügig und rasch (um die Qualität zu erhalten) gearbeitet werden muss.
- Geräte, die bei der Fleischverarbeitung Verwendung finden, niemals auf den Boden legen.
- Jedes Gerät während der Arbeit öfters mit sehr heißem Wasser reinigen.
- Fleischwolf und Cutter sofort nach Beendigung des Arbeitsvorganges reinigen, denn in zerkleinertem Fleisch vermehren sich Keime besonders schnell.
- Geflügel und Wild dürfen nicht am selben Arbeitsplatz wie Schlachtfleisch (Rind, Kalb, Lamm, Schwein) verarbeitet werden.
- Die Schutzvorrichtungen an den Maschinen benützen (Einfülltrichter, Restehalter etc.).
- Der richtige Umgang mit Werkzeug und das richtige Werkzeug für die jeweilige Arbeit – das gilt insbesondere für Messer – können Unfälle und Verletzungen vermeiden helfen (eventuell zuvor einen einschlägigen Kurs besuchen).
- Alle Personen, die Fleisch verarbeiten, müssen vollkommen gesund sein und dürfen vor allem keine Verletzungen an den Händen haben (frische Schnittwunden sind mit einem undurchlässigen Verband abzudecken).
- Nach jeder Arbeitsunterbrechung Hände und Unterarme gründlich reinigen, Haar mit Kopfbedeckung schützen, Fingernägel kurz schneiden, keinen Schmuck tragen, saubere und kochfeste Arbeitskleidung tragen, Papierhandtücher verwenden.
- Lebensmittel kühl lagern, da Zimmertemperatur den Verderb fördert.
- Lebensmittel vor der Zubereitung unter fließendem Wasser waschen, damit die Keime weggespült werden.
- Das Wachstum von Keinem wird durch Säuren, Salze und kühle Temperaturen gehemmt: Schon eine 3%ige Kochsalzbeigabe kann die Vermehrung hemmen, daher sollten eingekochte Fleischwaren

(bei 72–80 °C werden Eitererreger abgetötet), die in Umlauf gebracht werden, etwas stärker gesalzen (und/oder gepökelt) sein, um sicherzugehen, dass die Haltbarkeit gegeben ist (oder ein nur kurzes Haltbarkeitsdatum angeben).

UMHÜLLEN UND VERPACKEN VON FLEISCHWAREN

Werden Fleisch oder Fleischwaren umhüllt oder verpackt, so sind die Vorschriften, insbesondere aber nachfolgende Punkte zu beachten:

Kennzeichnung der Produkte (laut Lebensmittelkennzeichnungsverordnung), wobei folgende Angaben vorhanden sein müssen:

- Hersteller
- Sachbezeichnung (Name des Inhalts) – hierzu sollte man unbedingt auch das Lebensmittelbuch (Codex alimentaris) zur Hand nehmen, denn viele Wurstwaren haben eine Codex-Verordnung, was in welchen Mengen in ihnen enthalten sein muss. Das betrifft insbesondere Sulzen, Presskopf, Schwartenmagen, Zungen-, Blut- und Leberwürste.
- Sollten beim eigenen Rezept Abweichungen dazu existieren, so ist dies mit einem Vermerk auf dem Etikett zu versehen, z. B: „Da wir nach traditionellem Hausrezept arbeiten, kommt es zu (geringen) Abweichungen zum Lebensmittel-Codex." Oder es ist ein eigener Fantasiename für das Produkt auszuwählen.
- Inhaltsstoffe (hergestellt aus …), ein zusätzlicher Hinweis für Problemstoffe von Allergikern (Laktose, Nüsse etc.)
- Verpackungsdatum (fakultativ)
- Gewicht des Inhalts
- Lagerbedingungen
- Verbrauchs- oder Haltbarkeitsfrist: Auf Fleischwaren müssen Haltbarkeitsfristen angegeben sein. Die Dauer ist eine Garantie für die Genusstauglichkeit bei Einhalten der angegebenen Lagerung (z. B.: Gekühlt bei 4 °C mindestens haltbar bis …). Sie wird vom Verpacker bestimmt (dazu gibt es nur Erfahrungswerte, aber keine Vorschriften).

Wer Produkte verkauft, muss sie richtig kennzeichnen.

VORTEILE DER DIREKTVERMARKTUNG

- Höheres Einkommen kann erwirtschaftet werden.
- Durch höheres Einkommen besteht leichter die Möglichkeit, ein Vollerwerbsbetrieb zu werden/bleiben.
- Es können Arbeitsplätze zu Hause geschaffen werden.
- Freie Arbeitskapazität.
- An sich gebundenes Kapital kann langfristig genutzt werden.

WAS SONST NOCH ZU BEACHTEN IST

- Bei der Herstellung der im Buch angegebenen Wurstwaren, Rillettes und Confits handelt es sich durchgängig um arbeits- und kostenintensive Edelkonserven. Dies sollte auch durch die Verpackung, Etikettierung und den Preis für den Konsumenten ersichtlich werden. Es empfiehlt sich nicht, durch einen billigen Preis den edlen Inhalt zu schmälern.
- Bei größeren Produktionen ist es durchaus auch sinnvoll, einen Juristen zu befragen (z. B. bezüglich der Vorschriften die Etikettierung betreffend etc.).
- Bei speziellen – insbesondere gängigen Wurstwaren – sollte man sich möglichst an den Codex alimentarius halten.
- Der Arbeitsraum und die Geräte sollten der vorgesehenen Produktionsmenge gerecht werden und auch den Hygienestandards entsprechen. Mit haushaltsüblichen Geräten kann in der Regel auch nur eine kleine (haushaltsübliche) Menge produziert werden, daher empfiehlt sich für Direktvermarkter die Investition in geeignete Gerätschaften und in eine professionelle Ausstattung der Arbeitsräumlichkeiten.
- Die HACCP-Richtlinien sollten allen Mitarbeitern bekannt und von ihnen unbedingt befolgt werden.
- Im Zweifelsfall empfiehlt es sich, bei einem Fleischermeister (Handwerksbetrieb) nachzufragen oder in schwierigeren Fällen bei den jeweiligen Fleischer-Innungen (vorzugsweise den Landesinnungen) nachzufragen und Erkundigungen einzuholen – diese geben in der Regel bereitwillig Auskunft.